AF872291

Daniel Böcking

Lass mal reden

DANIEL BÖCKING

LASS MAL REDEN

Von Abtreibung bis Wokeness: Zwischen Zeitgeist und christlichen Werten

adeo

Der Verlag weist ausdrücklich darauf hin, dass im Text enthaltene externe Links vom Verlag nur bis zum Zeitpunkt der Buchveröffentlichung eingesehen werden konnten. Auf spätere Veränderungen hat der Verlag keinerlei Einfluss. Eine Haftung des Verlages ist daher ausgeschlossen.

Die Bibelstellen sind, soweit nicht anders angegeben,
der Übersetzung Hoffnung für alle® entnommen,
Copyright © 1983, 1996, 2002, 2015 by Biblica, Inc.®.
Verwendet mit freundlicher Genehmigung des Herausgebers Fontis

FSC www.fsc.org
MIX
Papier | Fördert
gute Waldnutzung
FSC® C014496

Copyright © 2025 adeo Verlag
in der SCM Verlagsgruppe GmbH,
Berliner Ring 62, 35576 Wetzlar

1. Auflage 2025
Bestell-Nr. 835353
ISBN 978-3-86334-353-8

Umschlaggestaltung: Andreas Sonnhüter · grafikbuero-sonnhueter.de
Umschlagillustration: Alexander Ryabintsev / Shutterstock
und lavendertime / Shutterstock
Satz: satz-bau Leingärtner, Nabburg
Druck und Verarbeitung: GGP Media GmbH, Pößneck
Printed in Germany

www.adeo-verlag.de

Für die Liebe!
Es gibt reichlich, worüber wir streiten können.
Aber noch mehr, wofür wir dankbar sein dürfen und
wofür sich das alles lohnt.
Mehr, was uns verbindet, als was uns trennt.
Weich bleiben, Liebe geben!
Nicht lauwarm, sondern mit Leidenschaft.
Klingt kitschig. Aber darum geht's hier.
Dafür schreibe ich diese Seiten.
Für die Liebe.
Wir Christen glauben: Gott ist Liebe.

Inhalt

Warum dieses Buch und warum ich?

Gott, gib mir die Gelassenheit,
Dinge hinzunehmen,
die ich nicht ändern kann,
den Mut, Dinge zu ändern,
die ich ändern kann,
und die Weisheit,
das eine vom anderen zu unterscheiden.
(Gelassenheitsgebet)

Es gibt tausend gute Gründe, warum ich der falsche Autor dieses Büchleins bin.

Einige davon:

- Es wird hier um christliche Überzeugungen gehen. Aber ich bin weder Theologe noch Gelehrter.

- Wir schauen auf die großen Fragen und Streitthemen unserer Zeit. Aber ich habe zu vielen dieser Punkte nicht einmal eine klare Meinung, geschweige denn gottgegebene Klarheit.

- Vielleicht wäre es hilfreich, auf lebenslange Erfahrung im kirchlichen Sektor zugreifen zu können. Auch damit kann ich nicht dienen, denn ich habe erst vor etwa zehn Jahren meinen Kniefall vor Jesus hingelegt.

Ich kann Ihnen also keine akademische Abhandlung über verschiedene Theologien liefern oder einen klaren Kompass, wie sich ein anständiger Christ zu welcher Frage verhalten sollte. Ob er sich beim „Marsch für das Leben" jährlich in Berlin einreihen und gegen Abtreibung demonstrieren sollte oder sich alternativ auf der Straße festpappen möge, um per Auto-Blockade ein Zeichen für die Bewahrung der Schöpfung zu setzen.

Ich kenne nicht die Antworten auf die drängenden Fragen dieses Jahrzehnts. Was ich aber weiß: Wir Christen haben den Jackpot. Und kaum einer bekommt es mit. Das ist wahnsinnig schade.

Dass ich Jesus kennenlernen durfte, war das mit Abstand größte Geschenk in meinem Leben. In zwei Büchern durfte ich davon erzählen. Das lag nicht daran, dass meine Bekehrungsgeschichte unfassbar ungewöhnlich war, sondern weil ich im Hauptjob *BILD*-Journalist bin. Damals Stellvertreter des Chefredakteurs.

Die Tatsache, dass ein Boulevardjournalist gern und begeistert über Jesus Christus redet und schreibt, war wohl schrullig genug, um daraus Bücher[1] zu machen. Und Interviews. Und Talkshow-Auftritte. Und Vortragsreisen. Und damit wären wir auch schon bei dem Grund, warum trotz aller Abers dieses Buch eine Herzensangelegenheit für mich ist, an die ich mich wagen will:

Bei mehr als 60 Trips in unterschiedliche Gemeinden zu Vorträgen, Lesungen und Diskussionen lernte ich, was für ein lebensfroher, fortschrittlicher, kernguter Haufen die Christen sind.

Weil ich 36 Jahre lang sehr glaubensfrei vor mich hingelebt habe, weiß ich heute, wie praktisch und segensreich die Verbindung zu Jesus im Alltag ist. Ich darf erleben, welche Superkräfte er uns im Hier und Jetzt anbietet: Man geht anders ans Werk mit Vergebung als Geschenk, Nächstenliebe als Auftrag und Gott als Verbündetem. Ganz abgesehen von den höheren Mehrwerten wie Gemeinschaft, bedingungsloses Geliebt-Sein, ewiges Leben und so.

Gleichzeitig beobachte ich aber auch (teils job-bedingt) wieder und wieder, dass es nicht nur Vorurteile gegenüber „dem typischen Christen" gibt, nicht nur Hohn und Spott von Instagram bis X (früher Twitter). Sondern dass wir auch untereinander so oft wertvolle Energie und Leidenschaft in – verzeihen Sie – Nickligkeiten stecken. Dass wir in bester Absicht oft so verbissen und starrsinnig diskutieren, bis wir unser Leuchten verlieren.

Christsein ist schön. Die Liebe, die Nächstenliebe, die Feindesliebe – so gut, dass selbst hartgesottene Atheisten zwar lachen, uns Christen aber dafür schlecht hassen können. Natürlich gibt es schwarze Schafe, natürlich ist nicht alles mit Glitzer und Puderzucker bestreut, was Christen so machen.

Doch wir sind von Jesus in die Welt gesandt, die Gute Nachricht zu verbreiten. Und die Nachricht ist gut. Sie ist top-aktuell, hilfreich. Nicht nur vor 2000 Jahren, sondern erst recht im Hier und Heute. Sie sollte mehr gehört werden.

Dieses Buch ist kein Knigge für Christen. Es ist eine Einladung, mit Liebe, Freude, Frieden, Geduld, Freundlichkeit,

Güte, Treue, Rücksichtnahme und Selbstbeherrschung (Galater 5,22; NGÜ) auf die so beherzt diskutierten Themen der aktuellen Zeit zu blicken. Hoffentlich zu entdecken, dass auch wir Christen die Wahrheit nur bruchstückhaft erkennen (1. Korinther 13,9) und dass es zu fast jedem Thema eine große Vielfalt der frommen Perspektiven gibt.

Ja, es gibt im Glauben unverrückbare Pfeiler. Ein Christ, der mit Jesus nichts anfangen kann, hat ein Problem. Ein gläubiger Mensch, der Liebe für einen überflüssigen emotionalen Weichspüler hält, hat etwas in der Bibel missverstanden. Doch neben diesen heilsentscheidenden Punkten stehen auch wir Christen in einer munteren Debatte. Frei, darüber zu streiten und zu diskutieren.

Was Ihnen die folgenden Seiten anbieten: Einen Spaziergang durch die Megatrends, die Diskussionsthemen, beliebte Streitpunkte. Von A wie Abtreibung bis W wie Wokeness (und ein Z für „Zum Schluss“ gibt es auch ...). Mit Blick in alle Richtungen. Wie unterschiedlich sind die Meinungen, je nachdem, welchen Christen man fragt? Wie bringen sich Gläubige in die Debatte ein? Auf welchen Bibelstellen beruhen die jeweiligen Annahmen? Meine Hoffnung ist, ein bisschen Gelassenheit in so manchen Streit zu bringen, auf jeden Fall aber einen liebevollen Blick auf das Wesentliche. Auf *den* Wesentlichen: auf Jesus.

Mir geht es hier nämlich nicht um den großen Dissens, sondern um die Gemeinsamkeiten. Um das „Dafür“, nicht um das „Dagegen“. Um den Fokus. Jesus hat auf die Frage nach dem wichtigsten Gebot geantwortet: „Du sollst den Herrn, deinen Gott, lieben von ganzem Herzen, mit ganzer Hingabe und mit deinem ganzen Verstand!“ Dies ist das größte und wichtigste Gebot. Ein zweites ist ebenso wichtig: „Liebe deine Mitmenschen wie dich selbst!“ Das ist ein großes, liebevolles „JA“, kein mürrisches „Nein“.

Mein Wunsch ist es, dass dieses Buch Nichtchristen zeigt, dass Glaube jede moderne Debatte bereichert. Und dass Christen ermutigt werden, für ihren Glauben zu leuchten und laut in jede Diskussion einzusteigen.

Wir sollen nachdenken, dürfen streiten. Aber nicht aus Prinzip. Sondern für das Gute. Für die Liebe. Für Jesus.

A

wie

Abtreibung

Etwa 100 000 Abtreibungen werden Jahr für Jahr in Deutschland durchgeführt. Das sind zwar 30 000 weniger als vor 20 Jahren. Aber noch immer eine kaum greifbar hohe Zahl, die sich in den vergangenen Jahren in dieser Größenordnung eingependelt hat.

Bis wann darf wer abtreiben lassen? Wer darf unter welchen Umständen Abtreibungen durchführen? Und die Frage über allen: Wann beginnt eigentlich Leben? Die Diskussion tobt seit Jahrzehnten. In Deutschland dürfen gynäkologische Praxen seit Kurzem auch öffentlich über Abtreibungen informieren. In den USA geht es erneut hoch her zu dem Thema, seit ein Bundesgericht im Sommer 2022 entschieden hat, dass die einzelnen Staaten ihre Abtreibungsgesetze selbst regeln dürfen. Viele Verschärfungen waren die Folge.

Stets mittendrin im Disput: Christen.

Die am häufigsten verwendeten Verse von Abtreibungsgegnern stehen in Psalm 139 (13-16). David wird da zitiert: „Du hast mich mit meinem Innersten geschaffen, im Leib meiner Mutter hast du mich gebildet. Herr, ich danke dir dafür, dass du mich so wunderbar und einzigartig gemacht hast! Großartig ist alles, was du geschaffen hast – das erkenne ich! Schon als ich im Verborgenen Gestalt annahm, unsichtbar noch, kunstvoll gebildet im Leib meiner Mutter, da war ich dir dennoch nicht verborgen. Als ich gerade erst entstand, hast du mich schon gesehen. Alle Tage meines Lebens hast du in dein Buch geschrieben – noch bevor einer von ihnen begann!“

Demzufolge hat Gott uns also nicht erst als Babys erschaffen, sondern schon vorher ausgedacht und geliebt. Jeremia (1,5) bestätigt: „Bevor ich dich im Mutterleibe bildete, kannte ich dich."

Andere brauchen keine Bibelverse für ihre Argumentation: Wir sind Gottes Geschöpfe, und jeder von uns ist sein Wille und Teil des göttlichen Plans – wie können wir es also wagen, in seine Schöpfung hineinzupfuschen?

Einmal im Jahr zieht der „Marsch für das Leben" durch Berlin, bei dem einige tausend Teilnehmer – viele davon Christen – für den Schutz von ungeborenem Leben und gegen aktive Sterbehilfe auf die Straße gehen. Auf den Protestschildern stehen Slogans wie „Babys Welcome" oder „Töten ist keine ärztliche Kunst". Entlang der Marschroute finden dann immer Gegendemos statt. Das typische Bild: Der Protestzug zieht schweigend durch die Straßen – Schilder und einige Kreuze nach oben gereckt – während die Teilnehmer vom Rand aus von oft jüngeren Gegendemonstranten beschimpft, verspottet oder zumindest mit „My body, my choice"-Rufen bedacht werden („Mein Körper, meine Entscheidung").

Vor einigen Jahren war ich mit drei unserer vier Kinder bei einer Fridays-for-Future-Demo vor dem Brandenburger Tor. Dort gab es neben Klima-Rednern auch feurige Einpeitscher, die zu eben jenen Gegendemos aufriefen und den „Marsch für das Leben" in eine reaktionäre Ecke stellten.

Das hat mich geärgert. Ich war mit den Kindern bei der Klimademo, weil ich nichts Schlechtes daran finden konnte, sich für die Umwelt einzusetzen. Dass das einhergehen musste mit Schmähungen gegen Abtreibungsgegner, hab ich nicht eingesehen.

Aber so verlaufen die Linien: Wer als modern und progressiv gelten will, ist für einen liberalen Umgang mit Abtreibung. Christen müssen demzufolge von gestern sein, denn sie stehen offensichtlich mehrheitlich dagegen.

Als das sogenannte Werbeverbot für Abtreibungen (Paragraf 219a) abgeschafft wurde, feierten es einige Politiker mit vermeintlich witzigen Videos, in denen sie Riesenwürfel mit 219-Aufschrift umkippten oder mit Sonnenbrille Richtung Abstimmung tänzelten. Es wird tatsächlich schwierig, einen Christen zu finden, der bei diesem ernsten Thema ähnlich viel Fröhlichkeit verspürt. Aber: Auch zur Abtreibung gibt es nicht die eine klare Christen-Meinung.

Es gibt diverse Theologinnen und Theologen, die sich für ein Selbstbestimmungsrecht der Frauen starkmachen. Das tun sie in der Regel nicht gegen die Bibel, sondern gestützt auf das Wort Gottes.

In ihren Argumentationen steht das Gebot der Nächstenliebe über allen Regeln. Sie sehen es als christliche Aufgabe, Frauen in solchen Situationen zu unterstützen und sie nicht zu verurteilen, egal, welche Entscheidung sie treffen.

Dr. Rebecca Todd Peters, Professorin für Religionswissenschaft und Autorin von „Trust Women" („Vertraut den Frauen") argumentiert zum Beispiel, dass das Christentum den Wert der Autonomie und des Gewissens betont und Frauen ermutigt, verantwortungsbewusste Entscheidungen für ihren Körper und ihr Leben zu treffen. In einem Interview mit „The Nation" sagte sie: „Es gibt viele Christen, die pro choice sind." Also für die individuelle Entscheidung für oder gegen Abtreibung. „Für mich und für viele Menschen konzentriert sich das progressive Christentum auf die sozialen Lehren in der Bibel (...), die uns dabei helfen, über die gesellschaftlichen Probleme, die wir in der Welt sehen, nachzudenken und sie anzugehen."

Auch unter Christen, die sich nicht als „progressiv" bezeichnen würden, gibt es Stimmen, die Abtreibung unter Umständen als die am „am wenigsten schlechte aller Optionen" sehen.

Übrigens: In der ganzen Debatte geht es aus christlicher Sicht immer um Deutungen. Darum, dass Leben ein Gottesgeschenk ist, um die erwähnten Verse, um den Kampf für die Schwächsten, im Extremfall also für das allerschwächste, weil noch ungeborene Leben. Explizit wird ein absichtlicher Schwangerschaftsabbruch in der Bibel nicht thematisiert.

Wer die Bibel richtig hardcore auslegen will, findet aber einen Fall aus der alttestamentarischen Rechtsprechung, der überrascht. Er wird beschrieben in Exodus 21,22-34: „Wenn Männer miteinander streiten und stoßen dabei eine schwangere Frau, sodass ihr die Frucht abgeht, ihr aber sonst kein Schaden widerfährt, so soll man ihn um Geld strafen, wie viel ihr Ehemann ihm auferlegt, und er soll's geben durch die Hand der Richter.

Entsteht ein dauernder Schaden, so sollst du geben Leben um Leben."

Hier geht es zwar nicht um Abtreibung. Einige lesen aber in dieser Passage, dass der Fötus nicht den gleichen Wert hat wie das Leben der Frau, und damit auch biblisch noch nicht als Person gesehen werden kann.

Sie merken schon: Es ist kompliziert. Aber eben auch nicht so schwarz-weiß, wie es von außen manchmal scheint.

Vor einigen Jahren habe ich das Thema in *BILD* kommentiert. Damals schrieb ich unter anderem: „Vielleicht bin ich gegen Abtreibung. Aber in erster Linie bin ich für das Leben. Auch das ungeborene. Das macht einen großen Unterschied. Wäre mein Ziel, gegen Abtreibung anzuschreiben, wäre ich der falsche Absender. Ich bin keine Frau. Ich war nie in solch einer Situation und kann mir nicht vorstellen, wie grausam und schwer es sein muss, die Entscheidung für eine Abtreibung zu treffen.

Aber ich kann für das Geschenk des Lebens eintreten. (...) Ja, für mich ist das Leben des Kindes wichtiger als das viel zitierte Recht am eigenen Körper. Ein schlagendes Herz ist für mich Leben. Ein eigener Körper, der beschützt werden muss. Ein Leben, das wichtiger sein kann als ich selbst.

Ich darf und will niemanden verurteilen, der abgetrieben hat. Was wäre das für eine Anmaßung aus meiner männlichen, sorg- und vermutlich ahnungslosen Perspektive. Eigentlich wollte ich nicht einmal über das Thema schreiben, weil ich weiß, welche Reaktionen drohen. Ich habe es dennoch getan, weil ich für die Kostbarkeit der ungeborenen Kinder eintreten will – und mehr nicht für sie tun kann."

Eine Kollegin bat mich daraufhin zu einem Gespräch, das mir ein Aha-Erlebnis schenkte: Sie war ganz klar dafür, dass Frauen allein entscheiden sollten. Aber sie ging nicht auf mich los. Sie fand meinen Kommentar okay. Was ihr auf dem Herzen lag: Sie wollte klarmachen, dass es nicht für alles eine Lösung geben muss, einen Konsens. Sie glaubt nicht an Gott-gewolltes Leben. Für sie ist ein Fötus reine Biologie, Zellen. Aber sie respektiert, dass ich es anders sehe. Mit dem gleichen Respekt kann ich akzeptieren, dass sie eine andere Weltsicht hat. Keiner ist deshalb moderner, richtiger oder besser als der andere.

Vielleicht gäbe es weniger Gegendemos, wenn es kein „Marsch" für das Leben wäre, sondern ein „Dialog". Denn zum Reden gehört auch das gegenseitige Zuhören.

B

wie

Bibel

Vermutlich ist der Stellenwert der Bibel für Atheisten nicht eine der brennendsten Fragen des Jahrzehnts. Doch dabei übersieht man leicht, wie grundlegend die Bibel für viele unserer ganz weltlichen Bereiche ist. Nicht nur für Moralvorstellungen, sogar für die frühe Gesetzgebung.

Auch unser Grundgesetz greift viele Gedanken auf, die zuerst in der Bibel schriftlich festgehalten worden sind. Daraus machen die Verfasser keinen Hehl. In der Präambel zum Grundgesetz heißt es: „Im Bewusstsein seiner Verantwortung vor Gott und den Menschen, von dem Willen beseelt, als gleichberechtigtes Glied in einem vereinten Europa dem Frieden der Welt zu dienen, hat sich das Deutsche Volk kraft seiner verfassungsgebenden Gewalt dieses Grundgesetz gegeben."

Unsere Sprache ist geprägt von der Bibel: „Wer anderen eine Grube gräbt ..." (Sprüche 26,27), „Perlen vor die Säue werfen ..." (Matthäus 7,6), „Auf Sand bauen ..." (Matthäus 7,26), „Sein Licht unter den Scheffel stellen ..." (Lukas 11,33), der Sündenbock (Altes Testament), das Buch mit sieben Siegeln (Offenbarung). Auch wer nichts mit der Bibel am Hut hat, zitiert vermutlich unbewusst ständig daraus.

Aber ist die Bibel nun das „Wort Gottes" oder nur eine Schriftensammlung? Und noch wichtiger: Muss ich alles in der Bibel als wörtliche Weisung verstehen – oder sollte ich immer den Kontext betrachten, den Adressaten, die Zeit, in der es geschrieben wurde? Darüber lässt sich herrlich diskutieren, und natürlich finden sich auch hier Vertreter an beiden Enden des Spektrums.

Kurzer Rückblick in meine eigene Recherche-Reise: Als ich 2010 anfing, mich für den christlichen Glauben zu interessieren, war ich ziemlich sicher, dass die Bibel meiner journalistischen Neugier nicht würde standhalten können. Zu oft hatte ich gehört, wie historisch ungenau sie sei. Alles – so schien es mir damals – sei Glaube, nichts sei Tatsache. Ich war sicher, dass ich als recht rational denkender Mensch die Bibel nicht als Heilige Schrift akzeptieren können würde. Ich wusste nicht einmal, dass es einen breiten Konsens (auch unter Nichtchristen) gibt, dass Jesus tatsächlich gelebt hat.

Mein lieber Herr Gesangsverein, was war ich überrascht, als ich tiefer grub: Das Leben Jesu zählt zu den am besten dokumentierten Geschehnissen aus der damaligen Zeit. Gern wird in den Diskussionen um Authentizität des Neuen Testaments angeführt, dass die Schriften bei Historikern die Nase ziemlich weit vorn haben – und zwar bei sämtlichen Kriterien, die in diesem Forschungszweig eine Rolle spielen.

Einige Beispiele:

- Als Paulus den 1. Brief an die Gemeinde in Korinth verfasst (etwa im Jahr 55), schreibt er, dass mehr als „500 Brüder auf einmal" den auferstandenen Jesus gesehen hätten und fügt an, dass viele von ihnen noch leben. Tatsächlich gehen Historiker davon aus, dass der Brief so kurz nach Jesu Kreuzigung geschrieben wurde, dass dies eine Tatsache ist. Schon damals wäre so eine unverfrorene, öffentliche Falschbehauptung der Kirche in Babyschuhen ordentlich auf die Füße gefallen.

- Die ältesten Funde der Schriften aus dem Neuen Testament wurden nur wenige Jahrzehnte nach den Originalen angefertigt. Das klingt erst mal wackelig: Paulus schreibt etwas Jahrzehnte nach der Auferstehung von Jesus, und wir haben heute nur Kopien davon, die wieder einige Jahrzehnte später angefertigt wurden. Mit Blick auf andere Werke ist das aber ein Knaller: *De Bello Gallico*, also *Über den gallischen Krieg* von Julius Cäsar kennt so mancher noch aus der Schulzeit. Doch zwischen der Aufzeichnung von Cäsar und der ältesten bekannten Kopie liegen satte 900 Jahre. Trotzdem wird selten diskutiert, ob dieses Werk authentisch sei.
- Dann wäre da noch die Anzahl der frühen Kopien. Also: Mit welchem Eifer wurde der Text abgeschrieben? Je mehr Kopien, umso leichter lässt sich der Urtext rekonstruieren. Hier glänzt das Neue Testament mit mehr als 5 000. Zum Vergleich: *De Bello Gallico* kommt auf rund 250, die *Ilias* von Homer auf immerhin knapp 1 700. Hier lagen allerdings 450 Jahre zwischen der mutmaßlichen Entstehung und der ältesten bekannten Abschrift. Neben anderen hat der Theologe Fabian Mederacke diese Punkte ausführlicher zusammengefasst. Lässt sich leicht via Google finden.
- Was mich damals faszinierte: Es gab nullkommanull Motivation zu lügen. Nehmen wir an, die Jünger hätten sich das alles nur ausgedacht. Was hätten sie davon? Für sie konnte es ja kein Trost mehr sein, für ihre ‚Lüge'

verfolgt zu werden und in den Tod zu gehen. Wer sollte da schon auf sie warten? Trotzdem verbreiteten sie die Gute Nachricht von Jesu Auferstehung im Eiltempo, sodass bereits im vierten Jahrhundert das Christentum römische Staatsreligion wurde. Um diesen Punkt zu betonen: Laut Überlieferungen wurden elf der zwölf Jünger grausam hingerichtet. Erstochen, erschlagen, gehäutet. Noch heute halten wir am Bahnübergang an einem Andreaskreuz, das so heißt, weil der Apostel Andreas an einem solchen Kreuz hingerichtet worden sein soll.

- Übrigens: Von Jesus wird nicht nur in den Schriften berichtet, die das Neue Testament bilden. Auch dem jüdischen Kriegsberichterstatter Flavius Josephus wird eine Erwähnung zugeschrieben. Das Zitat lautet: „Um diese Zeit lebte Jesus, ein weiser Mensch, wenn man ihn überhaupt einen Mann nennen darf. Er war nämlich der Vollbringer ganz unglaublicher Taten und der Lehrer aller Menschen, die mit Freuden die Wahrheit aufnahmen. So zog er viele Juden und auch viele Heiden an sich. Dieser war Christus. Und obgleich ihn Pilatus auf Betreiben der Vornehmen unseres Volkes zum Kreuzestod verurteilte, wurden doch seine früheren Anhänger ihm nicht untreu. Denn er erschien ihnen am dritten Tage wieder lebend, wie gottgesandte Propheten dies und tausend andere wunderbare Dinge von ihm vorher verkündet hatten. Und noch bis auf den heutigen Tag besteht das Volk der Christen, die sich nach ihm nennen, fort." Ab hier allerdings wird es heikel, weil das Original von

> Josephus nie gefunden wurde und die meisten Forscher davon ausgehen, dass dieser Abschnitt später verändert wurde. Ob komplett erfunden oder nur ergänzt von übereifrigen Christen – das ist unklar.

Was ich mit diesem Ausflug in meine ersten neugierigen Recherchen sagen will: Es lohnt, sich mit der Bibel intensiv zu beschäftigen. Selbst wenn man sich ihr skeptisch nähert, wird man Überraschungen erleben. Nicht nur im Neuen Testament, auch im Alten. Es gibt aktuell immer wieder spannende Ausgrabungen im Nahen Osten, die die Schilderungen aus diesen jahrtausendealten Schriften stützen.

Wie gehen Christen nun mit der Bibel um? Sollten sie alles wörtlich nehmen? Es gibt Christen, die das tun. Im Extremfall landen wir da im Kreationismus. Demnach ist die Erde nur etwa 6 000 Jahre alt, und alles spielte sich exakt in den biblischen Zeiträumen ab, angefangen bei der sechstägigen Schöpfung (plus ein Tag Ruhe) und nachgehalten anhand der biblischen Stammbäume. Das mag erst mal eigenwillig klingen: Wie soll man dann die prähistorischen Funde erklären? Ist aber machbar. Denn wer sagt, dass die Knochen von Dinosauriern wirklich so alt sind …?

Natürlich denken so die wenigsten Gläubigen. Selbst wer in Anspruch nimmt, die Bibel wörtlich zu nehmen, wird kaum seine Kinder verdreschen, obwohl in Sprüche 13,24 steht: „Wer seine Rute schont, der hasst seinen Sohn; wer ihn aber liebhat, der züchtigt ihn beizeiten."

Die meisten Christen schauen auf die Bibel als „von Gott inspiriert", als die „Heilige Schrift", die große Wahrheit beinhaltet. Mal als Bericht, mal als Vision, mal als Metapher oder Erzählung. In 2. Timotheus 3,16 heißt es, dass die Schrift „von Gott eingegeben“ ist. Das bedeutet: Sie ist unser Zugang zu Gottes Wille, sein Weg, sich in Textform mitzuteilen, sie richtet sich persönlich an jeden Christen. Für mich persönlich ist sie ein Erlebnis, eine Schatzsuche. Wer sich darauf einlässt, erkennt, wie modern sie an vielen Stellen ist, wie zeitlos, wie wichtig und hilfreich die biblischen Prinzipien sind (banales Beispiel: die Nächstenliebe). Sie kann sogar zum lebendigen Abenteuer werden, wenn man sich als Christ täglich der Bibel nähert mit der Frage: „Was will mir Gott heute sagen?“

Ganze Studiengänge und Theologiezweige nehmen für sich in Anspruch, den richtigen Umgang mit der Bibel zu kennen. Von fundamental bis progressiv, von wörtlich bis liberal. Dazwischen ganz viel: Was ist Bild, was Bericht, was richtet sich an einzelne Empfänger, was an jeden von uns? Das führt in einigen Fragen zu harten Auseinandersetzungen. Zum Beispiel beim Thema Homosexualität, das wir uns später noch anschauen.

Es gibt jedoch viele Verse, hinter denen sich alle Christen einhellig versammeln können. Einer sticht dabei besonders hervor und ist das kürzest mögliche Glaubensbekenntnis aller Christen. Es steht in Johannes 3,16: „Denn Gott hat der Welt seine Liebe dadurch gezeigt, dass er seinen einzigen Sohn für sie hergab, damit jeder, der an ihn glaubt, das ewige Leben hat und nicht verloren geht.“

C

wie

Cancel-Culture

Kennen Sie die beliebte Debatte, ob man in Deutschland frei seine Meinung äußern darf? Natürlich darf man das, sagen die einen. Man muss ja nur einige Minuten auf der Plattform „X“ unterwegs sein, um festzustellen, dass dort allerhand sehr frei – mitunter auch sehr sinnfrei – gesagt wird, ohne dass prompt die Polizei einschreitet. Eine andere Reaktion ist: Ja, man darf zwar seine Meinung frei äußern – aber dann muss man eben auch mit den Konsequenzen und Reaktionen umgehen können. Also zum Beispiel einem heftigen Shitstorm der Entrüstung auf den Social-Media-Plattformen.

Dann gibt es aber auch die Fraktion, die sich deutlich ernstere Gedanken darum macht, was man noch sagen darf und was nicht. Sie fürchten nicht unbedingt die sofortige Verhaftung. Ein neues Schreckgespenst macht da seit einigen Jahren die Runde: das Canceln.

Im Kern geht es bei Cancel-Culture darum, Menschen, die diskriminierend ausfällig werden (z. B. rassistisch, sexistisch), die Reichweite zu entziehen. Also sie zu ignorieren, von Veranstaltungen auszuladen, ihre Werke zu boykottieren. Sie canceln – sie absagen. Hart formuliert: löschen.

Joanne K. Rowling, die Autorin von *Harry Potter*, war und ist eines der prominentesten Opfer (oder eben Täterin – je nach Perspektive). Der Vorwurf lautet: transphobes Verhalten.

Sie hatte sich auf „X“ hinter eine Frau gestellt, die gefeuert worden war, weil sie unter anderem geschrieben hatte, dass sich „Männer nicht einfach in Frauen" verwandeln könnten. Rowling schrieb dazu: „Zieh dich an, wie du willst. Nenn dich, wie du willst. Schlaf mit welchem Erwachsenen du willst. Lebe das beste Leben in Frieden und Sicherheit. Aber Frauen aus ihrem Job werfen, weil sie behaupten, dass Geschlechter real sind?"[2] Außerdem einen Unterstützer-Hashtag für die geschasste Frau.

Dies ist nur eines von mehreren Beispielen. Rowling hat sich auch selbst schon mehrfach zu dieser Kontroverse geäußert. Doch viele ihrer Fans waren und bleiben erschüttert. Die Frau, die den großen Zauberer Dumbledore schon 2007 offiziell für schwul erklärt hatte, die sich mit Trump angelegt hatte – diese progressive Frau deutete nun mehrfach an, dass sie ein Problem mit Transgender haben könnte. Was tun? Canceln!

Was auch immer nun aus dem Harry-Potter-Universum neu auf den Markt kommt: Es wird von einer Welle der Boykott-Aufrufe begleitet (zum Beispiel das Spiel *Hogwarts Legacy*). Das *Museum of Pop Culture* in Seattle entfernte kurzerhand Rowling und Hinweise auf sie aus ihrer Ausstellung, in der Erinnerungsstücke aus den Potter-Filmen zu sehen sind.

Die Schauspieler mussten sich positionieren. Harry Potter (Daniel Radcliffe) und Hermine (Emma Watson) distanzierten sich von der Schriftstellerin. Ralph Fiennes solidarisierte sich mit ihr. Ausgerechnet Voldemort …

Beispiele wie diese gibt es viele. Auch in Deutschland. Dabei ist es oft schwierig, sofort zwischen Gut und Böse, Falsch und Richtig zu unterscheiden. Denn oft sind die Cancel-Opfer zunächst selbst übers Ziel hinausgeschossen.

Immerhin haben sie noch die Möglichkeit, sich zu rechtfertigen oder zur Wehr zu setzen. Das haben andere Zielscheiben der Cancel-Culture nicht: historische Figuren, die dunkle Kapitel in ihrer Lebensgeschichte hatten oder zeitlebens ambivalent waren. In Großbritannien wurden Statuen von Gandhi und Churchill beschmiert und mit „Rassist"-Aufschriften versehen. In den USA wurden Denkmäler von George Washington umgestürzt, weil er eben nicht nur einer der Gründerväter der USA und ihr erster Präsident war, sondern auch Sklavenhalter.

Kunstwerke wurden gecancelt, weil sie einem veralteten Frauenbild entsprachen. Wissenschaftler werden ausgeladen, weil sie unliebsame Thesen verkünden wollten (hier nur ein Nebensatz, in Wahrheit inzwischen gerade in den USA ein Riesenproblem). Die Liste ließe sich sehr lange fortsetzen, aber sie wäre unfair. Denn nicht immer, wenn jemand das Etikett „Cancel-Culture" auf etwas pappt, steckt auch Cancel-Culture drin. Wenn nicht in jeder Talkshow ein Forscher mit außergewöhnlich steiler These auftaucht, liegt das vielleicht auch daran, dass seine These so außergewöhnlich ist, dass sie schlichtweg Humbug sein könnte.

Hier haben wir übrigens eines der Themen, bei denen mir bislang keine große Bandbreite christlicher Perspektiven begegnet ist. Vielmehr eine ganze Perlenkette von Argumenten, warum Cancel-Culture kein besonders christliches Instrument sein kann.

Okay, nun könnte jemand spitzfindig den Punkt machen: Ist die Sintflut nicht ein recht monumentales Beispiel von

Cancel-Culture? Da cancelt Gott doch mal eben so ziemlich alle bis auf Noah und seine Familie (und natürlich die Tier-Pärchen).

Aber so funktionieren die biblischen Wahrheiten nicht. Noahs Geschichte ist erst zu Ende erzählt, als ein Neuanfang gemacht ist und Gott mit einem Regenbogen den Bund besiegelt.

Die biblische Geschichte ist die einer Beziehung zwischen Gott und den Menschen, die das Gegenteil von Cancel-Culture ist. Gründe, die Beziehung zu beenden, haben die Menschen Gott wieder und wieder und tausendfach geliefert. Aber statt uns auf „X" zu blockieren oder uns von der himmlischen Party auszuladen, hat er uns Jesus gesandt. Und der hat vorgemacht, wie es auch gehen kann:

Nicht: „Wenn dir jemand krumm kommt, ignorier ihn und sorg dafür, dass er von allen ignoriert wird", sondern „Wenn jemand dir eine Ohrfeige gibt, dann halte die andere Wange auch noch hin!" (Matthäus 5,39).

Nicht: „Strafe den Dummschwätzer mit Liebesentzug!", sondern „Liebt eure Feinde, tut denen Gutes, die euch hassen" (Lukas 6,27).

Nicht: „Ätsch! Wenn ihm niemand mehr zuhört, kann er keinen Schaden mehr anrichten!", sondern „Wenn ihr ihnen aber nicht vergebt, dann wird Gott auch eure Schuld nicht vergeben" (Matthäus 6,15).

Nicht: „Wenn das Gesetz ihn nicht zum Schweigen bringt, dann nehmt das eben selbst in die Hand und cancelt ihn!", sondern „Urteilt nicht über andere, damit Gott euch nicht verurteilt" (Matthäus 7,1).

Okay, da fehlt der Kontext. Aber die rote Linie ist durchaus erkennbar. Auch Jesu Leben ist ein großes „Nein" zu Cancel-Culture. Er hat eben nicht die Sünder gemieden, sondern ist dahin gegangen, wo es wehtat. Das oft unter den Buh-Rufen der vermeintlich Anständigen. Seine Antwort darauf war: „Die Gesunden brauchen keinen Arzt, sondern die Kranken!" (Lukas 5,31).

Und genau da liegt aus christlicher Sicht das Problem mit der Cancel-Culture: Sie nimmt die Chance zur Aussöhnung, ist das Ende des Dialogs. Es ist ein Urteil, das uns nicht zusteht zu fällen. Das Gegenteil von Geduld oder gar Gnade und Barmherzigkeit.

Und Christen untereinander? Wir haben diesen Auftrag von Jesus: „Ich gebe euch jetzt ein neues Gebot: Liebt einander! So wie ich euch geliebt habe, so sollt ihr euch auch untereinander lieben. An eurer Liebe zueinander wird jeder erkennen, dass ihr meine Jünger seid" (Johannes 13,34-35).

Das ist alles andere als einfach. In den USA gibt es heftige Anfeindungen von progressiven Pastoren gegen evangelikale Pastoren, die zum Beispiel Homosexualität als Sünde bezeichnen. Auch hier gab es schon Boykott-Aufrufe.

Mein Verständnis sagt: Wir dürfen streiten. Wir dürfen uns gegenseitig ermahnen. Es geht nicht um Schönfärberei oder darum, Konflikte auszusitzen. Wir dürfen sogar kämpfen gegen Ungerechtigkeit. Das alles bietet Gelegenheit zur Veränderung, zur Versöhnung. Canceln aber gehört nicht in diesen Werkzeugkasten.

C

wie

Corona

Gott sei Dank ist die Corona-Pandemie vorbei! Trotzdem ist es eine Betrachtung wert, wie Christen damit umgegangen sind. Denn Corona bleibt ein Reizthema: Wer muss sich noch bei wem entschuldigen? Was muss noch aufgeklärt werden? Wer stand zu Unrecht am Pranger?

Wie alle Bereiche, waren auch die Kirchen in der Hochphase massiv betroffen: Von 1,5 Meter Abstand, Masken tragen, keine Lieder bis hin zu kompletter Schließung und Absage von Gottesdiensten. Noch tragischer waren Momente, in denen Beerdigungen ohne Gäste stattfinden mussten oder Freunde sich nicht mehr von Sterbenden verabschieden durften.

Das verursachte heftige Reaktionen. Der Bestseller-Autor und Ex-ZDF-Moderator Peter Hahne zum Beispiel spricht davon, dass die Kirche während Corona versagt habe, und sprach von einer „Pandemie der Panik und Angst".

Auf Demos gegen Coronamaßnahmen fanden sich viele Christen. Auf der anderen Seite behielten einige Gemeinden manche Maßnahme noch bei, als die Regierung die Regeln schon gelockert hatte.

Um zu verstehen, warum die Coronamaßnahmen gerade viele Christen auf die Palme brachten, müssen wir uns zwei Aspekte ansehen und einen zumindest streifen:

- Die Bedeutung von Gemeinschaft.
  Die Nächstenliebe gilt im christlichen Glauben als

höchstes Gebot. Neben der Gottesliebe steht gleichbedeutend in Matthäus 22 (37-40): „Du sollst deinen Nächsten lieben wie dich selbst." Das bedeutet auch: Ich stehe meinem Nächsten bei in Not (im Krankenhaus, am Sterbebett) – und lasse ihn nicht allein. Selbst, wenn ich mich dafür in Gefahr begebe. Ebenso ist der Gottesdienst und damit die christliche Gemeinschaft fundamental wichtig. Schon als die ersten Christen verfolgt wurden, trafen sie sich dennoch mutig weiter. Es war wichtiger, füreinander da zu sein, in der Gemeinschaft zu bleiben, als in Sicherheit. Und damit wären wir auch schon beim zweiten Aspekt:

- Die christliche Hoffnung.
  Christen sind zum Gottvertrauen ermutigt. Sie glauben, dass Gott die Geschehnisse lenkt. Sie dürfen sich darauf verlassen, dass es ein großes Happy End gibt mit Auferstehung und Gemeinschaft mit Gott. „Lasst euch durch nichts in eurem Glauben erschüttern, und lasst euch nicht entmutigen!", heißt es in Johannes 14,27. In Psalm 91,5 und 6: „Du brauchst dich nicht zu fürchten vor dem Schrecken der Nacht oder vor den Pfeilen, die am Tag abgeschossen werden, nicht vor der Pest, die im Finstern umgeht, nicht vor der Seuche, die mitten am Tag wütet." Und noch einer: „Denn Gott hat uns nicht einen Geist der Ängstlichkeit gegeben, sondern den Geist der Kraft, der Liebe und der Besonnenheit" (2. Timotheus 1,7). Das verstehen die meisten nicht als Einladung zum Leichtsinn.

Wohl aber als Zuspruch gegen Angst und Panik. Aus dieser Perspektive der Besonnenheit konnte einem der eine oder andere Polizei-Einsatz, weil sich Menschen auf einer Parkbank begegneten, durchaus übertrieben vorkommen.

- Die radikale Sicht.
  Der letzte Aspekt trifft wohl nur auf einen kleinen Teil der Christen zu. Jedenfalls habe ich das Thema dutzendfach auf meinen Vortragsreisen diskutiert, und diese Ansichten waren klar in der Unterzahl. Aber auch sie gab es und ich werfe sie jetzt in einen Topf, obwohl sie sehr gut getrennt voneinander existieren können: eine sehr wörtliche Über- und Annahme von Bibelversen und eine sehr weite Interpretation von Bibelversen. Sehr wörtlich: „Ist jemand von euch krank? Dann bitte er die Ältesten der Gemeinde zu sich, damit sie für ihn beten und ihn im Namen des Herrn mit Öl salben. Ihr Gebet, im Glauben gesprochen, wird dem Kranken Rettung bringen; der Herr wird ihn seine Hilfe erfahren lassen", steht in Jakobus 5,14. Vielleicht kann man erahnen, was es für manche unter diesen Vorzeichen bedeutet, wenn plötzlich Krankenbesuche vom Staat reglementiert werden. Sehr weit interpretiert: In der Offenbarung ist von Plagen in der Endzeit die Rede. In Matthäus 24 und 25 spricht Jesus von Kriegen und Hungersnöten, ehe er wiederkommt. Wenig überraschend also, dass während Corona zig Blogbeiträge auftauchten, die nun meinten

zu beobachten, wie das alles in Erfüllung gehe. Ebenfalls in der Offenbarung lesen wir von dem Wesen, das als Antichrist vorübergehend die Weltherrschaft an sich reißt. Also gab es sogar Theorien, dass Corona nur ein Experiment einer finsteren Welt-Regierung sei (unter Führung des Antichristen), um herauszufinden, wie gut sich die Menschheit auf diese Weise steuern ließe. Interessant ist, dass diese Verschwörungstheorien auch von sehr bibeltreuen Theologen laut zurückgewiesen wurden. Denn fast alle Bibel-Ausleger sind sich inzwischen einig, dass es so leicht mit den Vorhersagen der Apokalypse nicht ist.

Trotzdem ist in der Corona-Debatte und in den Jahren seither der Tonfall giftig geworden. Zunächst wurden viele niedergeschrien, die es wagten, die Härte der Maßnahmen zu kritisieren. ‚Querdenker' wurde zum Schimpfwort. Inzwischen ist es oft umgekehrt und es wird danach gerufen, diejenigen zu bestrafen, die damals in Amt und Verantwortung standen.

Als ich damals begann, mich in das Thema einzulesen, stolperte ich über einen Text, der zeigt, dass auch solche Diskussionen nicht zum ersten Mal die Menschheit umtreiben.

Was mir an der folgenden Notiz gefällt, ist die Gelassenheit. Das Gottvertrauen im Zusammenspiel mit schlichter Vernunft. Die Worte stammen von keinem geringeren als von Martin Luther. Er schrieb sie 1527, als in Wittenberg die Pest ausbrach: „Wenn Gott tödliche Seuchen schickt, will ich Gott bitten, gnädig zu sein und der Seuche zu wehren. Dann will ich das Haus räuchern und lüften, Arznei geben und nehmen, Orte meiden, wo man mich nicht braucht, damit ich nicht andere vergifte und anstecke und ihnen durch meine Nachlässigkeit eine Ursache zum Tode werde. Wenn mein Nächster mich aber braucht, so will ich weder Ort noch Person meiden, sondern frei zu ihm gehen und helfen. Siehe, das ist ein gottesfürchtiger Glaube, der nicht tollkühn und dumm und dreist ist und Gott nicht versucht."

Gottesfürchtig, aber nicht tollkühn. Nächstenliebend durch Rücksicht und Fürsorge. Auch das klingt nach Gottvertrauen und Vernunft – und ist 500 Jahre her.

D

wie

Digitalisierung

Ich hatte früher schlimme Vorurteile gegen Christen und ihren Umgang mit digitalen Hilfsmitteln. Für mich war klar, dass das moderne kirchliche Kommunikationsmittel der Gemeindebrief auf ungebleichtem Papier war.

Als ich 2015 dann zum ersten Mal einen Artikel für *BILD* über meinen Glauben veröffentlichte („Warum ich mich heute als Christ oute"), war ich baff: Es gab unzählige nette Kommentare auf *Twitter* (so hieß es damals noch), allein 20000 Reaktionen auf *Facebook*. Die meisten davon von Christen. Überspitzt formuliert: Ich hätte vorher nicht einmal damit gerechnet, dass so viele Christen schon online sind. Wieder mal eine hochnäsige, falsche Annahme.

Es ist sehr christlich und biblisch, den Menschen und das persönliche Miteinander in den Mittelpunkt zu stellen. Deshalb werden die meisten Gläubigen immer den direkten Kontakt bevorzugen. Gleichzeitig gibt es aber keinerlei Gründe dafür, warum Christen sich langsamer oder ablehnender der Digitalisierung widmen sollten, als das alle anderen tun.

Die Stabsstelle Digitalisierung der Evangelischen Kirche in Deutschland (EKD) hat sich sogar ihren eigenen Hashtag ausgedacht: #KidW – Kirche im digitalen Wandel. Außerdem wurde von der EKD eine Denkschrift veröffentlicht: „Freiheit digital. Die Zehn Gebote in Zeiten des digitalen Wandels". Auch hier umgehend mit Hashtag versehen: #EKDigital. Die Gebote drehen sich darum, die Möglichkeiten sinnvoll und verantwortungsvoll zu nutzen, Social Media und Videostreams als Chance für eine neue Art des Dialogs zu sehen, vorsichtig zu bleiben, niemanden online zu verletzen – und auch mal abschalten zu können.

In der *Christlichen Medieninitiative pro e. V.* gibt es seit 2023 das Netzwerk „creatunity", in dem sich christliche Social-Media-Creator vernetzen. Eine ihrer internen Umfragen ergab, dass viele von ihnen unter den harten Debatten im Netz leiden. Wer bis zum Corona-Ausbruch als Gemeinde eher zurückhaltend war, wurde damals quasi gezwungen, neue digitale Wege zu gehen: Live-Übertragungen der Gottesdienste, weil Besuche nicht erlaubt waren. Aufzeichnungen der Predigten und Ausstrahlung als Podcast. Die großen Kirchen brachten eigene Apps heraus und digitale Begleiter für Challenges (Herausforderungen), zum Beispiel zur Fastenzeit.

Videos auf *YouTube*, in denen Gemeinden über Kontinente hinweg gemeinsam Lobreis-Lieder sangen, wurden millionenfach aufgerufen. Apropos Musik: Die Lobpreis-Playlists (englisch: Worship) auf Spotify haben riesige Follower-Zahlen, Größen wie *Bethel Music* oder *Hillsong* etwa fünf Millionen monatliche Hörer (zum Vergleich: *Helene Fischer* 2,7 Mio.).

Kurzum: Christen sind voll in der digitalen Welt angekommen.

In der Bibel gibt es mehrfach die Aufforderung, zu den Menschen zu gehen. Also sich selbst dorthin zu bewegen, wo die Leute sind. Das lässt sich natürlich leicht übersetzen damit, dass die Digitalisierung eine neue Möglichkeit ist, zu kommunizieren und die Hand auszustrecken nach Menschen – oder technischer: neuen Zielgruppen.

Die Herausforderung ist: Wie geht eine lokale Gemeinde damit um, deren Stärke es immer war, sich sonntags persönlich zu treffen? Nicht jeder ist aus der Corona-Abstinenz auf die Kirchenbank zurückgekehrt.

Die evangelikale *Saddleback Church* zum Beispiel hat es folgendermaßen gelöst: Es gibt Gottesdienste in verschiedenen Gemeinden auf mehreren Kontinenten. In Deutschland treffen sich die Gemeindemitglieder in Berlin. Es gibt einen Pastor vor Ort. Die Predigt aber wird zentral aus der Heimatgemeinde in Südkalifornien übertragen. Neben den besagten lokalen Gemeinden gibt es auch die Online-Gemeinde. Auch hier kann man zu einem festen Zeitpunkt gemeinsam den Gottesdienst per Video verfolgen. Es gibt digitale Kleingruppen, um sich unter der Woche in Videokonferenzen auszutauschen. Kurse werden ebenfalls hybrid angeboten – das heißt: Man kann sich an einem bestimmten Ort treffen oder digital aus der Ferne teilnehmen.

Außerdem steht eine App zum Download parat mit eigenen Video- oder Lese-Herausforderungen, sogenannten „Journeys“. Hier kann man auch digital „einchecken“. So, als würde man dem Pastor sagen: „Hallo, ich bin dabei“ – nur ohne ihm die Hand zu schütteln, sondern eben digital.

Warum man dennoch nicht so häufig etwas vom digitalen Aufbruch der Christenheit spürt, liegt wohl auch an den Algorithmen. Was mich nicht interessiert, bekomme ich selten angezeigt. Die *Zeit* hat mit ihrem Podcast „Unter Pfarrerstöchtern“ einen Weg in die breitere Öffentlichkeit gefunden: Zwei Pfarrerstöchter – eine *Zeit*-Redakteurin und ihre Schwester, eine Theologie-Professorin – sprechen hier über den Glauben. Weltliche (*Zeit-*)Zielgruppe, christliche Themen – das funktioniert auf den Social-Media-Plattformen nur selten.

Die Geschichte von Philipp Mickenbecker ist da eine Ausnahme: Mit seinem Zwillingsbruder Johannes wurde er als YouTuber mit dem Format *The Real Life Guys* berühmt. Mit Freunden bauten sie irrwitzige Do-It-Yourself-Projekte (legendär: die Achterbahn im Baumarkt) und sammelten so Millionen Fans (allein 1,7 Mio. Follower auf *YouTube*).

Als Philipp sein Krebsleiden öffentlich machte, wurde immer mehr über ihn berichtet. Er sprach freimütig über seinen tiefen Glauben, auch noch, als er sichtbar immer schwächer wurde. Neben dem *Real Life Guys*-Kanal starteten die Brüder den Kanal *Life Lion*, in dem sie über den Verlauf der Krankheit informierten und ihren Glauben an Jesus mitteilten. In Deutschland gab es kaum jemanden, der über Social Media so viele Menschen mit seiner christlichen Unerschütterlichkeit erreicht und bewegt hat. Philipp starb im Juni 2021, kurz vor seinem 24. Geburtstag.

Wer sich aber bewusst auf die Suche macht, wird viele christliche Influencer finden. Die meisten von ihnen mit ermutigenden Botschaften. Einige beten in einminütigen Instagram-Videos, andere schreiben Mutmach-Beiträge.

Leider schaffen es manche erst dann aus der christlichen Blase heraus, wenn sie maximal provozieren oder polarisieren. Wenn sie mit Hölle und Verdammnis drohen oder gegen Andersdenkende oder -glaubende wettern. Auch davon gibt es einige auf Insta und *TikTok*. Der YouTuber Rezo (ebenfalls aus einer Pfarrersfamilie, bekannt durch sein Video „Die

Zerstörung der CDU“) hat sich Ende 2023 solche Influencer vorgenommen. Sein Fazit: „Erster im Himmel sind nicht diejenigen, die Waffen glorifizieren, herrschen und in Kriege ziehen. Sondern diejenigen, die anderen Leuten dienen.“ Dieser Dienst kann auch digital sein.

Christen und Digitalisierung – es ist ein Balanceakt. Persönliche Gemeinschaft, digitales Hände-Reichen. Die neuen Chancen nutzen, ohne dass sie zur Droge werden, von der ich abhängig bin.

Johannes Hartl ist katholischer Theologe und Gründer des Gebetshaus Augsburg. Mehr als 80 000 Follower hat er inzwischen auf *Instagram*, mehr als 100 000 Abonnenten auf *YouTube*. Gleichzeitig warnt er immer wieder vor der Oberflächlichkeit von Social Media, davor, dass uns eine Wahrheit und Schönheit vorgegaukelt wird, die es so fast nie gibt. In diesem Spannungsfeld stecken wir Christen: neue Chancen und Möglichkeiten nutzen, ohne sich davon beherrschen zu lassen. Schon 2022 sagte Hartl in einem Interview: „Digitale Abstinenz ist das Fasten der Zukunft.“

F

wie

Familie

„Im Kampf um die Familie geht es um den Menschen selbst“, hat Papst Benedikt XVI. in einer Ansprache 2012 gesagt. Das Thema Familie ist aus katholischer Sicht also fundamental! Dass wir uns da in einem Kampf befinden – mit dieser Ansicht steht der Papst längst nicht allein da. Die Publizistin Gabriele Kuby spricht über die „Familie in Gefahr“. Im Netz finden sich unzählige Artikel und Blog-Beiträge, die in ihren Untergangsszenarien miteinander wetteifern: „Die systematische Zerstörung der Familie“, „Familie wird abgeschafft“.

Die genannten Ursachen für diese eher trüben Situationsbeschreibungen sind vielschichtig, haben aber oft einen gemeinsamen Nenner: Wenn zur Familie nicht mehr mindestens eine Frau (Mutter) und ein Mann (Vater) gehören, dann: Gute Nacht, Deutschland!

Der Papst formulierte es in seiner erwähnten Ansprache so: „Wenn es aber die von der Schöpfung kommende Dualität von Mann und Frau nicht gibt, dann gibt es auch Familie als von der Schöpfung vorgegebene Wirklichkeit nicht mehr. Dann hat aber auch das Kind seinen bisherigen Ort und seine ihm eigene Würde verloren (...). Wo die Freiheit des Machens zur Freiheit des Sich-selbst-Machens wird, wird notwendigerweise der Schöpfer selbst geleugnet und damit am Ende auch der Mensch als göttliche Schöpfung, als Ebenbild Gottes im Eigentlichen seines Seins entwürdigt.“

Die Familie ist also mittendrin in vielen der aktuellen Kontroversen. Gender, LGBTQ, Selbstbestimmung, Sexualerziehung und so weiter.

Mich bewegt das Thema, denn von außen gesehen lebe ich vermutlich im konservativsten, klassischsten Familienbild, das man sich vorstellen kann: verheiratet mit einer Frau (der besten der Welt), vier Kinder (5, 9, 12, 13). Ich arbeite bei *BILD*, meine Frau Sophie zu Hause. Schlimmer noch: Wenn ich kochen würde, wären wir alle längst tot. Sophie hingegen liebt das Kochen. Also trifft man sie deutlich häufiger in der Küche an als mich. Um mich nicht selbst ins Abseits zu kegeln, gehe ich nicht weiter darauf ein, wer meist die Wäsche macht.

Modern klingt das nicht. Da wir aber alle bestätigen würden, dass wir sehr happy damit sind, wie wir leben, gibt es nicht allzu oft Kritik an diesem vielleicht rückständigen Modell (was ich persönlich immer kritisieren würde: Die Arbeit einer Vollzeit-Mutter oder eines Vollzeit-Vaters wird zu wenig gewürdigt und bekommt zu wenig Rentenpunkte. Aber das hebe ich mir für ein anderes Buch auf).

Ich bin bislang nie schweißgebadet aufgewacht und habe befürchtet, dass die Art, wie wir leben, dem Untergang geweiht ist. Deshalb habe ich manchmal Probleme mit der Heftigkeit der Wortwahl, wenn es wieder heißt, es tobe ein „Krieg gegen die Familie“ (googlen Sie das mal. Beeindruckend, wie viele Publikationen diesen Titel tragen). Aber klar ist: Vieles, was „immer so gewesen ist“, ist im Fluss.

Nehmen wir die „Ehe für alle“. Bis 2017 durften in Deutschland nur Mann und Frau heiraten. Dann kam die historische Wende: Der Bundestag beschloss die rechtliche Gleichstellung homosexueller Paare. Bemerkenswert war die Rolle von Angela Merkel. Sie rückte überraschend von ihrem klaren Nein ab und erklärte die Frage zur Gewissensentscheidung. Bei der finalen Abstimmung votierte sie dann mit Nein. „Für mich ist die Ehe im Grundgesetz die Ehe von Mann und Frau“, begründete sie ihre Haltung.

Auch beim Adoptionsrecht für homosexuelle Paare gab es in den letzten Jahren wegweisende Urteile auf einem Weg in Richtung Gleichstellung. Viele, die zwar nicht gleich in den Abgesang auf die klassische Vater-Mutter-Kind-Familie einstimmen wollen, haben hier ein Störgefühl: Die Rolle der Mutter wurde lange Zeit extrem hoch eingeschätzt. Bei Scheidungen wurde tendenziell eher ihr das Sorgerecht zugesprochen. Im Fokus bei solchen Entscheidungen stand das Kindeswohl.

Daher lautet ein häufiges Argument: „Ein Kind braucht eine Mutter, nicht zwei Väter.“ Wer noch vorsichtiger ist, versucht es mit: „Lagen wir alle jahrzehntelang falsch mit der Annahme, dass es das Beste für ein Kind ist, dass es Vater UND Mutter hat?“

Studien zeichnen inzwischen ein recht klares Bild, dass Kinder nicht unter einer Vater-Vater- oder Mutter-Mutter-Konstellation leiden. Forscher der Cornell University haben zum Beispiel 79 Studien zum Thema analysiert. Ihr Ergebnis: Kinder mit gleichgeschlechtlichen Eltern zeigten keine Abweichungen in ihrer Gefühlswelt oder auf sozialer und intellektueller Ebene im Vergleich zu Kindern aus anderen Familienstrukturen.

Kritische Christen berufen sich in ihrer Skepsis auf die Bibel. Die Ehe von Mann und Frau und die klassische Familie gehören für sie zur Schöpfungsordnung Gottes. Ein anderer Familienentwurf komme weder im Alten noch im Neuen Testament vor.

Progressive Christen halten dagegen: Auch gleichgeschlechtliche Paare könnten schließlich Werte wie Liebe, Treue und Verlässlichkeit leben.

Am Tag vor der Abstimmung zur „Ehe für alle" unterhielt ich mich lange mit einem alten, lebensweisen Christen, der tief in die Bundespolitik verstrickt war. Ich wollte wissen, ob er die erwartete Zustimmung als krachende Niederlage empfinde. Er schmunzelte nur und sagte mit großer Gelassenheit: „Wir können das eh nicht ändern. Warum sollte ich auch gegen etwas kämpfen, das eine Verbesserung für manche Menschen bedeutet und keine Verschlechterung für andere."

Diese „Verschlechterung" wittern aber viele Christen, wenn es an die Sexualerziehung geht. Sehr aufgeregte Christen erkennen den Versuch, die sexuelle Aufklärung zu verstaatlichen – und damit einen weiteren Sargnagel in das klassische Familienbild zu treiben. „Frühsexualisierung" ist ein Wort, das man in diesem Zusammenhang häufig liest. Da geht es dann darum, dass eine freizügige Sexualmoral und/oder Gender- und LGBT-Perspektiven Einzug in Kita-Aktionstage, Lehrpläne und Aufklärungsmaterialen finden.

Ein Video aus London ging viral, in dem Drag-Queens in knapper Unterwäsche oder Leder-Outfit wild herumturnten. Die Zuschauer waren Eltern mit ihren Kleinkindern und Babys.

Große Aufmerksamkeit gab es auch für eine Lesung in einer Münchner Bibliothek, in der Drag-Künstler ein Programm für Kinder „ab 4 Jahren" anboten. Der Aufschrei hatte wohl auch etwas mit dem recht expliziten Namen des auftretenden Drag-King zu tun: Eric BigClit. Viele Eltern hielten einen Besuch ihrer kleinen Kinder bei Erich Groß-Klitoris für unangebracht ...

Der Berliner Senat brachte eine Broschüre heraus mit dem Titel: „Murat spielt Prinzessin, Alex hat zwei Mütter und Sophie heißt jetzt Ben" – und die Familien-Staatssekretärin wünschte im Vorwort: „Viel Freude und Erfolg beim Einsatz der Materialien".

Interessant zu beobachten ist bei den Reaktionen, dass es oft gar nicht darum geht, dass es verschiedene Formen der sexuellen Identität oder der Familienentwürfe gibt. Hier entzündet sich Empörung vielmehr daran, dass Kinder schon sehr früh damit konfrontiert werden, ohne dass Eltern es verhindern könnten (obwohl Eric BigClit kein Pflichtprogramm war).

Die Befürworter sagen: Man kann nicht früh genug von Vielfalt, Inklusion und Toleranz hören.

Die Gegner sagen: Wann ich mit meinen Kindern über Sex rede (und das Thema Gender gehört für viele dazu), entscheide ich selbst. Aber hier verlassen wir den Bereich der christlichen Betrachtung. Die rote Linie, wie frei ich in meinen persönlichen Erziehungsentscheidungen bin, zieht sich durch alle Glaubens- und Nicht-Glaubensrichtungen und ist fast schon zu einem politischen Kampf geworden.

Ich halte es da übrigens mit dem Lieblingssatz meiner Mutter: „Ich habe euch nie erzogen. Ich hab immer nur versucht, Vorbild zu sein."

Das Vorbild, das unsere Kinder täglich sehen, ist ein sehr klassisches Familienbild mit Vater und Mutter. Ich hoffe, sie sehen an unserem Miteinander, dass es nicht um die Form und Struktur geht, sondern allen voran um unsere Inhalte und Werte. In einigen Wochen fährt dieses sehr klassische Familienbild zur Hochzeit einer der Patentanten der Kinder. Sie heiratet endlich ihre Freundin. Nicht kirchlich. Nicht, weil sie nicht darf, sondern weil sie nicht möchte. Eigentlich schade.

G

wie

Gendern

Die großen Themen hängen alle irgendwie zusammen. Ich versuche, sie ein wenig aufzusplitten.

Identität und Individualismus haben ihre eigenen Kapitel, Gleichberechtigung ebenfalls. Daher geht es jetzt beim Gendern um den Fokus auf die Sprache. Auf der Suche nach der perfekten Definition stolpert man immer wieder über das Wort „geschlechtergerecht". Unsere Formulierungen sollen geschlechtergerecht und diskriminierungsfrei sein. Ob das nötig ist und wie das am elegantesten umgesetzt wird, genau darüber kann man sich locker einen Abend lang die Köpfe heiß diskutieren.

Denn es gibt in meiner Wahrnehmung verschiedene Level des Genderns:

- Level 0: Gender-Wahn, Gender-Gaga, Gender-Terror! Geh mir fort damit! Alles überflüssiger Käse. Das generische Maskulinum meint schließlich immer alle. Wenn ich also sage: „An der Schule gibt es zu wenig Lehrer", meine ich damit sowohl die Männer als auch die Frauen. Außerdem haben wir uns an diese Sprache gewöhnt und alles andere klingt komisch und abgehackt. Verhunz mir meine schöne Muttersprache nicht!

- Level 3: Joa... Da wird jetzt ein bisschen zu viel Wirbel gemacht. Aber eigentlich grenzt das generische Maskulinum schon ein bisschen aus. Wenn ich zum Beispiel sage: „Es gibt zu wenig Maurer, also suchen wir jetzt stärker nach Frauen für den Job", dann ist das auch korrekt, und mit Maurer waren offensichtlich nur Männer gemeint. Also bemühe ich mich, einfach beide zu nennen. Maurer und Maurerinnen, Lehrinnen und Lehrer, Kolleginnen und Kollegen ...

- Level 5: Nur alte weiße Männer benutzen diese alte weiße Sprache. Unsere Sprache war immer im Wandel. Also sollten wir es zumindest versuchen.

- Level 10: Wer redet nur von Männern und Frauen? Was ist mit trans*, inter* und nicht-binären Personen? Wir brauchen eine Sprache, die niemanden ausschließt. Der Genderstern(*) macht sichtbar, dass es mehr als zwei Geschlechter gibt. Gendern ist ein Zeichen von Respekt und Anerkennung der Vielfalt!

- Level 15: Unsere Sprache muss endlich im 21. Jahrhundert ankommen! Geschlecht ist ein Spektrum, kein Entweder-oder. Beim Gendern geht es um das soziale Geschlecht, nicht das biologische! Pronomen wie „they/them" im Englischen sollten auch im Deutschen möglich sein, um die Identität von nicht-binären Personen anzuerkennen. Studien zeigen, dass gegenderte Sprache nachweislich zu mehr Sichtbarkeit von Frauen und LGBTQ+ führt. Wer nicht gendert, macht sich der Diskriminierung schuldig. Gendern sollte Pflicht sein!

Ja, und dann kann's knallen. Während vielerorts „Studierende" schon die gängige Wortwahl ist, weil hier im Plural kein Geschlecht mehr zu erkennen ist, kommt der misstrauische Akademiker daher und stirnrunzelt: „Das ist ja ein substantiviertes Partizip. Heißt das, dass sie pausenlos studieren? Was, wenn sie in der Kneipe sitzen? Sind es dann biertrinkende Studierende?" Sogar die Gesellschaft für Deutsche Sprache sah sich genötigt, aufgrund von Nachfragen hierzu Stellung zu beziehen. Sie hält diese Form für okay – und verweist darauf, dass auch Vorsitzende nicht 24 Stunden am Tag vorsitzen müssen und Stillende auch mal Pause machen dürfen.

Eine *BILD*-Kollegin von mir, selbst noch Studentin oder eben Studierende, hatte sich ganz tief in das Thema eingearbeitet. Was bei mir hängen geblieben ist nach einem erhellenden Austausch: Es ist kompliziert und komplex. Es gibt Studien und Gegenstudien, berechtigte Kritik und ebenso berechtigte Forderungen. Jedenfalls ist es ein Riesenthema und mit dem Kampfruf „Gender-Ideologie" nicht sofort plattzuhauen.

Wenig überraschend, dass sich viele Christinnen und Christen mit der Diskussion schwertun oder diese sprachliche Strömung komplett ablehnen: „So schuf Gott den Menschen als sein Abbild, ja, als Gottes Ebenbild; und er schuf sie als Mann und Frau" (1. Mose 1,27). Da steht nix von Gendersternchen. Basta!

Man reibt sich zwar gern an den Sprach-Kapriolen einiger TV-Moderator_innen, die sich auf das Parkett des Genderns wagen und auch mal ausrutschen. Viel fundamentaler wird der Widerstand aber bei den weitreichenderen Befürchtungen, was Gendern alles mit dem klassischen Familienbild anrichten könnte – wie bereits im vorherigen Kapitel erwähnt.

Der Blick auf den oben erwähnten Vers ist übrigens hoch interessant. Denn genau hier wird's spannend. Inzwischen wird eben dieser Vers herangezogen, um zu argumentieren, dass Gott beim Thema Geschlecht eine große Offenheit haben könnte. Da steht schließlich nicht ‚Er schuf sie ENTWEDER als Mann ODER als Frau, sondern UND. Und schon wird der Vers durchlässiger.

Dass auch Christen bereit sind, sich auf sprachliches Neuland zu begeben, zeigt die „Bibel in gerechter Sprache", die 52 Fachwissenschaftler erarbeitet haben.

Der besagte Vers klingt dann so: „Da schuf Gott Adam, die Menschen, als göttliches Bild, als Bild Gottes wurden sie geschaffen, männlich und weiblich hat er, hat sie, hat Gott sie geschaffen." Hui. Aus Brüdern werden Geschwister, der Heilige Geist zur Heiligen Geistkraft, der Vater im Himmel auch mal zur Mutter. Sie können sich vorstellen, wie kontrovers diese Bibel diskutiert wurde.

Wieder war es Journalist Peter Hahne, der besonders tief in die Kiste der markigen Formulierungen griff. Er verlieh dem Werk das Prädikat: „sektiererische Sonderbibel aus dem Geist eines fundamentalistischen Feminismus". Der EKD-Rat (Evangelische Kirche in Deutschland) lehnt die Bibel für die Benutzung im Gottesdienst ab. Katholiken ebenfalls. Viele machten sich gar nicht erst die Mühe, eine offizielle Stellungnahme abzugeben. Gleichzeitig waren die Autoren größtenteils Theologen. Kirchen hatten die Übersetzungsarbeit mitfinanziert. Und der Bund Altkatholischer Frauen forderte sogar die Einbeziehung dieser Bibel in den kirchlichen Alltag.

Auch hier wird schnell deutlich, dass Christen nicht so vorhersehbar sind, wie viele glauben. Abgesehen davon, dass die EKD die „Bibel in gerechter Sprache“ zwar nicht für gottesdiensttauglich hält, ist unter ihrer Absenderschaft die Broschüre erschienen „Sie ist unser bester Mann. Wirklich? Tipps für eine geschlechtergerechte Sprache“. Hier heißt es zum umstrittenen Gendersternchen: „Der Gender-Stern (*) und andere Sonderzeichen, die nicht Bestandteil der konventionellen Schriftsprache sind, bieten sich an, wenn eine geschlechtsneutrale Formulierung nicht möglich ist oder die geschlechtliche Vielfalt von Menschen explizit sichtbar gemacht werden soll. (...) Auch in Formularen kann die Vielfalt der Geschlechter so platzsparend dargestellt werden. Diese Formen sind allerdings für die Verwendung in Rechtstexten nicht vorgesehen.“

Christen oder Nichtchristen: Wir sind in Uneinigkeit vereint. Während Hannover als eine der ersten Städte seine Beamten auf geschlechtergerechte Verwaltungssprache getrimmt hat (aus ‚Rednerpult‘ wurde zum Beispiel ‚Redepult‘), halten 85 Prozent der Befragten einer MDR-Umfrage die Verbannung von Genderzeichen an Schulen für richtig. Laut des RTL/ntv-Trendbarometers fühlen sich fast drei Viertel aller Deutschen von Gendersprache gestört (73 Prozent, 2023).

Besonders beliebt ist in diesem Zusammenhang der Satz „Haben wir denn keine größeren Probleme?“ Haben wir. Ganz sicher. Und offenkundig gibt es auf das Gendern nicht die eine christliche Antwort. Wenn doch, dann findet sie sich in den ganz persönlichen Situationen: Wenn es für einen Menschen ein großes Anliegen ist, seinem Willen entsprechend angesprochen zu werden, dann werden die meisten Christen wohl nicht lange auf ihre grundsätzliche Meinung zum Thema pochen – sondern Rücksicht darauf nehmen. Denn vor Rechthaberei sollen wir uns hüten (vgl. Phil 2,14) – und unsere Nächsten lieben.

G

wie

Glaube

„Glauben heißt Nicht-Wissen“ – das ist eine Binse und Käse. Die Bibel definiert Glaube so: „Der Glaube ist der tragende Grund für das, was man hofft: Im Vertrauen zeigt sich jetzt schon, was man noch nicht sieht“ (Hebräer 11,1).

Im Glauben geht es also um Vertrauen. Vertrauen auf Gott, seine Existenz, seine Kraft, seine Zusagen, seine Liebe. Jeder Zweifel hat seine Berechtigung. Aber mir erschien der Unterschied immer dramatisch wichtig, dass Glaube eben nicht das Gegenteil von Wissen und damit der etwas dümmlich-naive kleine Bruder des Intellektuellen ist. Fakt ist: Kein Wissen der Welt kann Gott ausschließen.

Auf meinen ersten Recherchen, als mich das gierige Interesse am Christentum gepackt hatte, habe ich wahnsinnig viel gelesen über die möglichen Entstehungswege des Universums. Interessant fand ich dabei, dass auch brillante Atheisten einen Schöpfergott als legitime Option in Betracht ziehen. Sie glauben zwar nicht daran, sie gehen von anderen Erklärungen aus, was genau den Urknall ausgelöst haben könnte. Aber sie respektieren die Möglichkeit, weil es bislang keine bessere gibt.

Glauben heißt in erster Linie vertrauen. Im ganz Kleinen glauben wir also alle. Und sei es nur, dass wir glauben, dass wir heile auf der anderen Seite ankommen, wenn wir eine Straße überqueren. Wir wissen es nicht hundertprozentig. Auch ohne Gottesglauben vertrauen viele von uns auf das Gute, auf die Liebe, darauf, dass alles gut werden wird. Und wir Christen vertrauen eben auf einen großen, liebenden Schöpfergott.

Dieses Kapitel verdient seinen Platz in diesem Buch aus zwei Gründen: Zum einen ist Glaube inzwischen wirklich ein Streitthema geworden. Immer wieder lesen wir von der Säkularisierung der Welt. Manch einer mag das Gefühl haben, der religiöse Glaube würde nach und nach aussterben. Dass die globalen Zahlen das nicht unbedingt widerspiegeln, werden wir uns später noch ansehen. Neuerdings meint man sogar, eine neue Hinwendung zur Religion als vertraute Konstante zu beobachten. Pfingstbewegungen wachsen dabei schon seit Jahren am stärksten. Es ist also nicht so, dass mehr globales Wissen gleichzusetzen ist mit weniger Gottesglauben in unserem Leben.

Der zweite Grund ist, dass ich schlecht über christliche Perspektiven auf zig Megatrends und Debatten unserer Zeit schreiben kann, ohne an einer Stelle zu hinterlegen, woran Christen denn eigentlich glauben.

Auf der Suche nach einer möglichst distanzierten, neutralen Quelle für eine Glaubensdefinition bin ich bei der *Bundeszentrale für politische Bildung* gelandet. Hier wird das Christentum wie folgt zusammengefasst: „Das Christentum geht zurück auf Jesus von Nazareth, genannt Christus (das heißt „der Gesalbte"). Er hat vor rund 2000 Jahren in Palästina gelebt und wurde dort zum Tode verurteilt und ans Kreuz geschlagen. Die Christen glauben, dass Jesus vom Tod auferstanden und der Sohn Gottes ist. Durch seinen Tod, so steht es in der Bibel, habe er die Menschen von ihrer Schuld im Leben erlöst. Die Bibel ist die Heilige Schrift der Christen. Sie enthält das Alte und das Neue Testament. Seither gilt das Kreuz als das Symbol des Christentums. Wesentlich im Christentum ist der Glaube an einen Gott, das Bekenntnis zu Jesus Christus, die Gemeinschaft der Gläubigen in der Kirche und der Glaube an das ewige Leben. Dazu gibt es Vorschriften, die man im Leben befolgen soll (die Zehn Gebote)."

Ich mache mir nun nicht die Mühe, das auseinanderzudröseln. Schon bei dem Wort „Vorschriften" wird es einige Christen schaudern. Für viele von ihnen steht in Johannes 3,16 alles, was man über unseren Glauben wissen muss: „Denn Gott hat die Menschen so sehr geliebt, dass er seinen einzigen Sohn für sie hergab. Jeder, der an ihn glaubt, wird nicht zugrunde gehen, sondern das ewige Leben haben."

Es ist unmöglich, das Christentum in all seinen Facetten objektiv zu beschreiben. Es gibt Strömungen, die die Bibel nicht nur wörtlich, sondern buchstäblich nehmen. Es gibt Menschen, die sich als Christen bezeichnen, für die es aber keine große Rolle spielt, ob Jesus nun der Erlöser war oder eher ein sozialer Revolutionär.

Die Theologie hat nicht nur große, zeitlose Erkenntnis und Impulse geliefert, sie hat sich auch über die Jahrhunderte verändert und setzt immer wieder andere Schwerpunkte: liberale Theologie, feministische Theologie, kontextuelle Theologie, Schöpfungstheologie, Befreiungstheologie. Dogmatik, Orthodoxie. Historisch-kritische Exegese.

Und dann gibt es noch die Unterschiede im kirchlichen Alltag. Einige davon sind auf diesen Seiten angerissen: Wie stehe ich als Christ zu Abtreibung, zu Homosexualität, zur Kleinkindtaufe?

Ehe das zu kompliziert klingt: Glauben ist zwar nicht das Gegenteil von Wissen. Aber Glauben setzt kein gigantisches Wissen voraus. Es gibt den schönen Satz: „Gott ist nur ein Gebet von dir entfernt.“ So war es auch bei mir: Ich hatte mich eingelesen – aber am Ende war es ein Gebet, das mich zu einem festen Glauben brachte. Ein Gebet, in dem ich das Gefühl hatte, Gott nimmt mich auf seinen Schoß, drückt mich an sich, bietet mir Vergebung an und einen Neuanfang.

Seitdem lerne ich ständig dazu und entdecke neue Schätze, stoße aber auch auf neue Fragen. Vor allem aber erlebe ich Gott als Wahrheit. Denn ich bin ganz sicher: „Weder Tod noch Leben, weder Engel noch Dämonen, weder Gegenwärtiges noch Zukünftiges noch irgendwelche Gewalten, weder Hohes noch Tiefes oder sonst irgendetwas auf der Welt können uns von der Liebe Gottes trennen, die er uns in Jesus Christus, unserem Herrn, schenkt“ (Römer 8,38). Das ist Gewissheit durch persönliches Erleben, durch Gottes Nähe. Christen glauben an einen lebendigen Jesus, nicht an ein totes Gottesbild.

Weil unser Glaube aber so viele Strömungen und Ausprägungen hat, kann ich hier nur beispielhaft skizzieren, was das praktisch bedeutet – wie der Glaube im Leben der Gläubigen sichtbar wird – und es so wiedergeben, wie ich es in aller Schlichtheit verstanden und angenommen habe.

Jesus sagt auf die Frage nach dem wichtigsten Gebot in Matthäus 22,37-38: „‚Du sollst den Herrn, deinen Gott, lieben von ganzem Herzen, mit ganzer Hingabe und mit deinem ganzen Verstand.‘ Das ist das erste und wichtigste Gebot. Ebenso wichtig ist aber ein zweites: ‚Liebe deinen Mitmenschen wie dich selbst.‘ Alle anderen Gebote und alle Forderungen der Propheten sind in diesen beiden Geboten enthalten.“

Wer sich also nach einem Kompass und einer Orientierung sehnt, hat hier zwei Verse, die in ziemlich vielen Situationen eine Entscheidungshilfe sein können. Aus diesen Aufforderungen ergeben sich mindestens drei weitere Handlungsempfehlungen, die uns aktiv werden lassen:

1) Vertrauen: „Denn ich allein weiß, was ich mit euch vorhabe: Ich, der HERR, habe Frieden für euch im Sinn und will euch aus dem Leid befreien. Ich gebe euch wieder Zukunft und Hoffnung. Mein Wort gilt!“ (Jeremia 29,11). Wir dürfen getrost und gelassen sein. Er hat alles im Griff. Innerer Frieden ist so viel wert.

2) Folgen: „Wenn ihr mich liebt, werdet ihr so leben, wie ich es euch geboten habe.“ Wir sollen nicht nur Jesus-Fans sein, sondern Nachfolger. Das Wort „Gehorsam“ klingt nicht gerade sexy. Aber zur Wahrheit gehört eben auch, dass die Bibel einige Forderungen an uns stellt. Kein Lügen und Betrügen, keine Rache. Sogar Feindesliebe. Das Schöne aber ist, dass Gott hier keine Perfektion erwartet und uns bei der Entwicklung begleitet. Sie wissen ja: Jesus hat das mit den Sünden für uns geregelt.

3) Handeln: „Genauso nutzlos ist ein Glaube, der nicht in die Tat umgesetzt wird: Er ist tot“ (Jakobus 2,17). Ich kann jeden Tag damit beginnen, im Gebet zu fragen, was ich heute tun kann, um meinen Glauben zu leben. Christsein ist nicht etwas, dass sich nur allein im stillen Kämmerlein abspielt. Wir sind zum Dienst berufen – an Gott und den Mitmenschen. Es gibt reichlich zu tun.

All das fasst für mich am schönsten ein Vers aus der Bergpredigt zusammen. Er steht in Matthäus 6,33: „Setzt euch zuerst für Gottes Reich ein und dafür, dass sein Wille geschieht. Dann wird er euch mit allem anderen versorgen." Da stecken die Punkte oben drin: aktiver Fokus auf Gott, auf die Nächstenliebe (seinen Willen) – untermauert von einer großen Gelassenheit, dass er uns liebt und das große Ganze im Griff hat.

Einer der großen Unterschiede zwischen diesem Gottesglauben und Unglauben ist: Er hält an einer unveränderlichen Wahrheit fest. Christen glauben daran, dass es Wahr und Falsch gibt, Gut und Böse. Das mag gar nicht so außergewöhnlich klingen. Aber gerade in Streitfragen geht der Trend eher in die Richtung, dass das doch bitte jeder für sich selbst entscheiden kann. Eine externe Autorität, etwas, das größer ist als ich – damit haben einige Schwierigkeiten. Extrem zugespitzt heißt das: Viele Menschen haben sich selbst (oft unbewusst) zum Gott erhoben, zum Schöpfer von Erfolg und Glück und Unglück, zum absoluten Entscheider über Falsch und Richtig.

Ein etwas absurdes Beispiel gefällig? Der englische Schriftsteller G. K. Chesterton warnte schon Anfang des 20. Jahrhunderts: „Wir werden bald in einer Welt leben, in der ein Mann niedergeschrien werden kann, weil er sagt, dass zwei und zwei vier ergibt." 2021 war es dann so weit: Eine Studentin in New Jersey schrieb auf Twitter: „Die Idee von 2+2=4 hat kulturelle Gründe. Als Folge von westlichem Imperialismus/Kolonisierung halten wir sie für das einzig Richtige."

Das war zwar kein Niederschreien, aber führte zu einer breiten Diskussion. Laut *Frankfurter Allgemeine Zeitung* bewarb in der Folge zum Beispiel das Kultusministeriums von Oregon ein Dokument, das die Position vertrat: „Das Konzept, dass Mathematik rein objektiv ist, ist eindeutig falsch. An der Idee festzuhalten, dass es immer richtige und falsche Antworten gibt, schreibt diese Objektivität und die Furcht vor offenem Konflikt fort." Eine Option für Schüler sei es, fortan mindestens zwei Lösungen zu erarbeiten.

Zum christlichen Glauben gehört die Annahme, dass wir nicht jeden Konflikt selbst austragen müssen, dass wir nicht für jede Rechnung zwei mögliche Lösungen präsentieren müssen. Sondern dass es einen heiligen Gott außerhalb von allem und in uns drin gibt, der Gut und Böse unterscheiden kann und der sich durch die Bibel, in Gebeten, in Predigten und in der Gemeinschaft mit anderen Christen mitteilt.

Das kann auch zu einer ganz entspannten Demut führen: Wenn ich nicht davon ausgehen muss, dass ich alles nur durch Leistung und eigene Großartigkeit schaffen muss, macht das gelassen. Gott spricht uns bedingungslose Liebe zu. Das schenkt uns Würde und Größe und sollte uns dankbar machen. „All dies verdanken wir Gott" (2. Korinther 5,18). „Alles, was Gott uns gibt, ist gut und vollkommen" (Jakobus 1,17) – wer das annimmt, wird vom Erfolgsgetriebenen zum „guten Verwalter" (1. Petrus 4,10) von all dem, was Gott ihm anvertraut hat. Das hilft gegen Gier und Geiz.

Ja, Christen glauben, dass es etwas gibt, das deutlich größer ist als sie selbst. Dass nicht Gefühle allein bestimmen sollten, wie wir handeln. Dass Wahrheit oft nicht Ansichtssache ist, sondern liebevoll und eindeutig.

Freiheit spielt im christlichen Glauben eine gigantische Rolle. „Durch Christus sind wir frei geworden, damit wir als

Befreite leben“, steht in Galater 5,1. Allerdings geht es hier um die Freiheit von Sünde, von Sucht, von Zwängen. Nicht um die Freiheit von Verantwortung. Wir sind frei für Gott, für Jesus, für unsere Mitmenschen. Schon vor unserer Entscheidung für den Glauben sind wir frei, „Ja“ oder „Nein“ zu Jesus zu sagen. Das alles, weil Liebe nur in Freiheit echt sein kann. „Denn Gott ist Liebe“ (1. Johannes 4,8).

Bleibt noch die Frage: Wozu das alles? Was haben wir davon? Was bringt's? Meine persönliche Antwort ist längst geworden: Weil Jesus lebendig, erlebbar und wahr ist und damit ein großer innerer Friede einhergeht.

Die allgemeingültige, christliche Antwort lässt sich auch hier schwer finden. Manche schielen auf die Belohnung in einer herrlichen Ewigkeit. Andere bauen darauf, dass ein Gebet im Hier und Jetzt erhört und damit ein Problem gelöst wird. Oder sie schätzen die Gewissheit, im Siegerteam zu spielen, auch wenn sie in ihrer aktuellen Lebenssituation 0:3 hinten liegen („Dies alles habe ich euch gesagt, damit ihr durch mich Frieden habt. In der Welt werdet ihr hart bedrängt, aber lasst euch nicht entmutigen: Ich habe diese Welt besiegt“, Johannes 16,33). Viele schätzen die christlichen Werte und halten sie für ein ordentliches gesellschaftliches Fundament. Bei mehr als zwei Milliarden Christen gibt es eben unzählige ganz persönliche Geschichten mit Gott.

Der katholische Theologe Johannes Hartl hat die Gegenfragen zu diesem „Was bringt's eigentlich“ gestellt: Was bringt ein Sonnenuntergang? Was bringt eine prächtige Blume auf einem Feld? Was bringe ich dem Universum? Es ist einfach so. Es ist da, es ist wahr, es ist schön.

G

wie

Gleichberechtigung

In meinen ersten Jahren als Christ habe ich gelernt, dass die Gleichberechtigung zwischen Mann und Frau ein absolutes Reizthema sein kann. Besonders, wenn man begeistert von seinem Glauben erzählen will. Beliebte Reaktion: „Ach ja, aber predigen dürfen die Frauen bei den Katholiken trotzdem nicht, hm? Sowas von rückständig. Nee, das ist nichts für mich."

Das Thema ist manchmal wie ein Türsteher. Wenn man erst daran vorbei ist, lässt sich vortrefflich, aufgeräumt und gemeinschaftlich mit Nichtgläubigen über das Christentum sprechen. Wenn man diese Hürde aber nicht nimmt, dann ist's von vornherein vorbei.

Tatsächlich gibt es da einiges, das hinterfragt werden darf: Warum gibt es bei Katholiken keine Priesterinnen? Warum werden Frauen in Kirchenstrukturen oft nicht gleichbehandelt?

Und dann kennen viele auch kernige Bibelzitate wie „Ihr Frauen, ordnet euch euren Männern unter!" (Epheser 5,22).

Für die meisten Christen selbst ist Gleichberechtigung gar kein Thema – im positiven Sinne. Ich habe noch keinen Christen auf meinen Reisen durch viele Gemeinden getroffen, der gesagt hätte: „Klar, Männer sind die besseren Menschen" oder „Die haben mehr Grips" oder „Die Welt wäre ein besserer Ort, wenn nur Männer das Sagen hätten".

Stimmt nicht ganz: Mit einem sehr, sehr alten katholischen Geistlichen stand ich mal auf einer Feier zusammen und wir sprachen über *Maria 2.0*. Das ist eine Frauenbewegung innerhalb der katholischen Kirche, die für mehr Gleichberechtigung auch in den Kirchenstrukturen kämpft – unter anderem mit einem Kirchenstreik. Auf diese Gruppe angesprochen, kicherte der Geistliche vergnügt und meinte weinselig, dass der Satan den Ofen für diese Damen gewiss noch mal extra dolle anheizen würde. Besorgt wirkte er nicht. Veränderungswillig auch nicht. Es sollte wohl ein gelungener Scherz sein, zeigte mir aber auch, dass ich mich von unzähligen schönen Erlebnissen mit Christen nicht allzu heftig dazu verleiten lassen sollte anzunehmen, dass alles überall in Butter sei. Ist es nicht.

Wer da ganz hartnäckig sein will, beruft sich darauf, dass in der Bibel erst Adam seinen Auftritt hat, ehe Eva kommt. 1. Mose 2,18: „Es ist nicht gut, dass der Mensch allein ist. Ich will ihm jemanden zur Seite stellen, der zu ihm passt!" So heißt es in der *Hoffnung für alle*-Übersetzung. In der *Luther*-Variante sagt Gott mit Blick auf Adam: „Ich will ihm eine Hilfe machen, die ihm entspricht." Oha! Eine Hilfe! Helferin! Das klingt wie Assistentin, Mitarbeiterin ... Vermutlich liest das jemand so. Aber weit verbreitet ist das nicht mehr. Meine Chefin hilft mir auch manchmal, meine Frau jeden Tag. Trotzdem käme ich nicht auf die Idee, sie deshalb als niederklassig anzusehen. Im Gegenteil.

Einig sind sich die allermeisten Christen hingegen in dem Punkt, dass gerade das Neue Testament geradezu ein Tabubruch war, wenn es um die Rolle der Frau in der damaligen Zeit geht.

Die Verse 1-16 in Matthäus 1 werden oft nur überflogen, weil sie recht monoton den Stammbaum von Jesus auflisten. Name reiht sich da an Name. Liest sich etwas öde.

Wenn man aber genauer hinschaut, entdeckt man Bemerkenswertes: Zwischen all den Männern tauchen auch Frauen auf. Das war – so wurde mir vielfach versichert – absolut außergewöhnlich vor 2000 Jahren. Frauen spielten in den Stammbäumen eigentlich keine Rolle. Hier lesen wir aber zum Beispiel von Tamar in der Ahnenreihe von Jesus. In ihre Geschichte kann man im Alten Testament eintauchen. Nur so viel: Um zu ihrem Recht zu kommen, trickste sie ihren Schwiegervater auf ziemlich krasse Art aus. Prostitution und Sex spielen da eine Rolle. Wir lesen hier nicht von schwachen, schüchternen Frauen oder von makellosen Biografien, die sich im Stammbaum von Jesus versammeln (trifft auch auf die Männer dieser Liste zu). Rut kommt vor, der ein ganzes Buch im Alten Testament gewidmet ist, Rahab, die in Jericho großen Mut bewies und „die Frau des Uria", womit Batseba gemeint ist. Wer ihre Geschichte nicht kennt, kann sie in 2. Samuel 11 nachlesen und wird geschockt sein, dass der so hochgelobte König David einige sehr, sehr finstere Momente hatte.

Und Jesus selbst? In ihm sehen viele Christen geradezu einen Frauenrechtler, obwohl er sich nicht explizit zu diesem Thema positioniert hat. Doch seine Handlungen deuten zumindest darauf hin, dass er nie auf den Gedanken gekommen wäre, Frauen zweitrangig zu behandeln.

So trifft Jesus zum Beispiel in Johannes 1,4 eine samaritanische Frau, unterhält sich lange mit ihr und offenbart ihr weltexklusiv, dass er der Messias ist. Auch die ersten Zeuginnen des auferstandenen Jesus waren Frauen.

Randnotiz: Die Autoren der Bibelbücher hätten einiges an Stirnrunzeln vermeiden und an Glaubwürdigkeit gewinnen können, wenn sie diese Rollen mit Männern besetzt hätten. Frauen waren damals nicht als Zeugen zugelassen, ihr Wort galt nicht als der beste Beleg für Fakten. Mich beeindruckt das, weil es für mich Wahrheitsbeleg ist.

In der Reihe dieser Frauen spielt Maria aus Magdala (auch bekannt als Maria Magdalena) eine besondere Rolle: Sie gehörte schon lange zu Jesu engstem Umfeld und wird namentlich genannt als erste Zeugin der Auferstehung. Sie war es, die den Jüngern von Jesu Auferstehung berichtet. Sie wird damit erste Verkünderin der Guten Nachricht und erhielt deshalb später den klangvollen Titel „Apostelin der Apostel".

Das alte Bild von „die Frau gehört in die Küche" hat Jesus ebenfalls schon vor 2 000 Jahren galant abgehängt: Als er zu Besuch war bei Maria (nicht Magdalena) und Marta, setzte sich Maria zu ihm und hörte ihm zu, während Marta in der Küche schuftete. Dass sich Maria einfach so zu einem Rabbi setzen durfte, war schon allein schräg genug. Auch Marta war wohl etwas empört, und ich kann mir ihren Tonfall vorstellen, als sie schließlich Jesus ansprach: „Herr, siehst du nicht, dass meine Schwester mir die ganze Arbeit überlässt? Sag ihr doch, dass sie mir helfen soll!" Doch Jesus antwortete gelassen: „Marta, Marta, du bist um so vieles besorgt und machst dir so viel Mühe. Nur eines aber ist wirklich wichtig und gut! Maria hat sich für dieses eine entschieden, und das kann ihr niemand mehr nehmen" (Lukas 10,38-42).

Tja, und dann kommt Paulus und schleudert Sätze wie „Die Frau soll still zuhören, wenn in der Gemeinde gelehrt wird, und bereit sein, sich ganz unterzuordnen“ (1. Timotheus 2,11). Oder eben das berühmte: „Ihr Frauen, ordnet euch euren Männern unter!“ (Epheser 5,22).

Diese Stellen werden eifrig diskutiert. Manche sagen, dass es um konkrete Konflikte in den Gemeinden ging, die Paulus damit lösen wollte. Tenor: Es war keine allgemeingültige Anweisung an alle Christen. Manche sehen es anders. Es gibt Gemeinden, die sich streng daran halten, und ich kenne Frauen in diesen Gemeinden, die sich sehr wohl damit fühlen. Mir selbst kommt das fremd vor, und ich kann nicht mit der einen richtigen Interpretation auftrumpfen.

Zum Glück wissen die meisten Christen, dass sie auch nicht auf alles Antworten haben. Wieder als Beispiel die *Saddleback Church*: Hier gab es seit Jahrzehnten nur männliche Prediger. Das hat sich jetzt geändert, was zu einem Rausschmiss aus der mächtigen Southern Baptist Convention führte. Dieselben Kirchenleute, die viele Jahre keine Frauen ordinieren wollten, fanden Bibelstellen, die sie vorher schon oft gelesen hatten, die ihnen aber nun etwas anderes mitteilen. Beispiel: In der Apostelgeschichte wird berichtet, dass an Pfingsten Männer und Frauen gemeinsam predigten. Petrus selbst erklärt das mit einer Prophezeiung aus dem Alten Testament: „Hier erfüllt sich, was Gott durch den Propheten Joel vorausgesagt hat. Bei ihm heißt es: ‚In den letzten Tagen‘, spricht Gott, ‚will ich die Menschen mit meinem Geist erfüllen. Eure Söhne und Töchter werden aus göttlicher Eingebung reden (...). Allen Männern und Frauen, die mir dienen, will ich in jenen Tagen meinen Geist geben, und sie werden in meinem Auftrag prophetisch reden'." Nun gibt es also Pastorinnen bei der Megachurch *Saddleback*. Anderswo – zum Beispiel bei den Katholiken – nicht.

Was man zugestehen muss: Oft ist die Verweigerungshaltung keine Arroganz, keine Überzeugung, dass Frauen zweitrangig seien. Sondern ein von außen merkwürdig kalt anmutender Versuch, gehorsam gegenüber Gott zu sein. Auch die katholische Kirche begründet ihre Haltung oft mit einem Festhalten an ‚Gottes Ordnung'. Sie sieht die Priester in der Nachfolge von Petrus und den Aposteln, die alle männlich waren. Der Papst selbst hat verlauten lassen, dass die Kirche diese Ordnung gar nicht ändern könne.

Ich finde, das ist eine wichtige Unterscheidung: Dass es eben nie um den Wert der Frau oder des Mannes geht. Sondern um die zugedachte Rolle. Und hier ist alles in Bewegung. Heute – wie damals. Derselbe Paulus, der so scharf von Unterordnung spricht, wird auch zitiert mit diesem Vers in Galater 3,28: „Jetzt ist es nicht mehr wichtig, ob ihr Juden oder Griechen, Sklaven oder Freie, Männer oder Frauen seid: In Jesus Christus seid ihr alle eins."

H

wie

Homosexualität

LGBTQ+: Lesbian, Gay, Bisexual, Transgender, Queer – das Plus als Platzhalter für weitere Geschlechtsidentitäten. So aufwändig das Kürzel auch sein mag, so vertraut ist es inzwischen den meisten. Und ohne große Umschweife: Der Umgang damit ist und bleibt ein riesiges Thema für das Christentum. Besonders die Homosexualität ist ein feurig diskutiertes oder – je nach Gemeinde – möglichst gar nicht debattiertes Thema.

Gehen wir direkt dahin, wo es wehtut:

„Ein Mann darf nicht mit einem anderen Mann schlafen, denn das verabscheue ich“ (3. Mose 18,22).

„Wenn ein Mann mit einem anderen Mann schläft, ist dies eine abscheuliche Tat“ (3. Mose 20,13).

„Weil die Menschen Gottes Wahrheit mit Füßen traten, gab Gott sie ihren Leidenschaften preis, durch die sie sich selbst entehren: Die Frauen haben die natürliche Sexualität aufgegeben und gehen gleichgeschlechtliche Beziehungen ein. Ebenso haben die Männer die natürliche Beziehung zur Frau mit einer unnatürlichen vertauscht: Männer treiben es mit Männern, ohne sich dafür zu schämen, und lassen ihrer Lust freien Lauf. So erfahren sie die gerechte Strafe für ihren Götzendienst am eigenen Leib“ (Römer 1,26-27).

Rumms!

Und nun sagen Sie mal einem bibeltreuen Christen, er solle einsehen, dass Homosexualität nicht Sünde sei. Manchmal hat man das Gefühl, dass viele Christen da von Herzen gern zustimmen würden, sich aber an diese Verse gebunden fühlen. Oder, dass sie wirklich überzeugt sind, dass Homosexualität Sünde ist, es aber nicht aussprechen wollen aus Angst davor, gecancelt zu werden. Und so wird viel rumgeeiert – und die lauten Stimmen schießen dann gleich über jedes Ziel hinaus nach dem Motto: Wenn schon öffentlich Position beziehen, dann mal so richtig.

Als Rumgeeier empfand ich zum Beispiel ein Gespräch mit einer Gruppe Christen in einer *Hillsong*-Gemeinde. Sie hatten sich darauf verständigt, dass Homosexualität zwar Sünde sei, aber es gab zwei große Schlupflöcher: 1) Sünde ist eine Tat. Heißt: Wer homosexuell ist, ist nicht per se Sünder. Erst, wenn er auch homosexuell lebt, wird daraus eine Sünde. 2) Gott wisse ja um unsere Sünden. Auch Rauchen sei Sünde und so vieles andere auch. Aber uns sei ja vergeben, und wir Christen hätten eh nicht das Recht zu urteilen und sollten allen in Liebe begegnen.

Ich glaube nicht, dass sich unter diesen Vorzeichen ein schwuler Mann oder eine lesbische Frau in einer Gemeinde wirklich verstanden und angenommen fühlt.

Der Pastor und Vorsitzende des Netzwerks *Bibel und Bekenntnis*, Ulrich Parzany, wiederum gehört zu denjenigen, die sich sehr klar und laut positioniert haben – inklusive eines eigenen Memorandums[3]. In einem Interview mit der *Zeit* wurde er gefragt: „Die Mehrheit kommt inzwischen zu dem Schluss, Homosexualität sei vereinbar mit dem Evangelium. Braucht das konservative Milieu einfach etwas länger, bis es sich dem Zeitgeist anschließt (…)?“ Parzanys Antwort: „Wenn die Mehrheit bestimmt, was die Wahrheit ist, vielleicht. Wenn die Wahrheit von Gott kommt und in Jesus offenbart ist, dann nicht." Die Wahrheit laut Parzany ist, dass Gott nie homosexuelle Paare zusammenfügen würde: „Ich sehe keinen Hinweis in der Heiligen Schrift, der diesen Gedanken rechtfertigen würde."

Ich habe mich vor Jahren sehr lange mit Ulrich Parzany unterhalten. Eines seiner Bücher[4] war für mich wegweisend bei meinen ersten eigenen tapsigen Schritten im Glauben. Auch deshalb liegt es mir am Herzen klarzustellen, dass ich nicht denke, dass solche frommen Ansichten für eine Menschenfeindlichkeit oder Herzenskälte stehen. Obwohl ich seine Ansicht in diesem Punkt nicht teile.

Wieder können wir über solche Ansichten (die natürlich auch in evangelikalen Gemeinden nicht nur in den USA weit verbreitet sind) den Kopf schütteln – oder die Herausforderung akzeptieren, dass es DIE EINE christliche Perspektive selten gibt.

Ein kleines Abbild der Diskussionen mit und über Ulrich Parzany: Der damalige Vorsitzende der Deutschen Evangelischen Allianz, Michael Diener, hatte Evangelikale 2016 aufgefordert, neu über Homosexualität zu denken und mehr Selbstkritik zuzulassen am bisherigen Umgang.

Das rief Ulrich Parzany auf den Plan, der mit Unverständnis in einem offenen Brief reagierte.

Nun wurde der leitende Redakteur von *chrismon*, einem evangelischen Magazin, aktiv, verunglimpfte Parzany als „erzkonservativen Fernsehprediger" und bescheinigte ihm, dass er die evangelische Kirche drastisch beschädige.

Gegen das Memorandum von Parzany gingen homosexuelle Christen aus dem Arbeitskreis *Homosexuelle und Kirche* auf die Barrikaden und empörten sich, Parzany erwecke den Eindruck, „dass die Anerkennung homosexueller Partnerschaften den Fortbestand der Kirche aufs Schwerste gefährde".

Parzany wiederum reagierte in diversen Interviews und veröffentlichte 2018 das Buch „Man muss Gott mehr gehorchen als den Menschen", in dem er dem Thema Homosexualität ein ganzes Kapitel widmete. Seine Haltung hatte sich nicht geändert.

Theologisch gibt es auf die Frage, wie Christen zu Homosexualität stehen sollten, tatsächlich nicht die eine Antwort, auf die sich alle einigen können. Und jede Sichtweise kennt Beispiele aus dem Leben, die ihre Perspektive untermauert. Da gibt es den englischen Pfarrer, der „schwul empfindet", es aber nicht lebt und Segnungen gleichgeschlechtlicher Paare ablehnt. Es gibt Geschichten von Menschen, die zunächst homosexuell empfanden, dann heterosexuell – und dies heute als Rettung feiern. Ein Ex-Kollege von mir, selbst schwul, hat mal für eine Reportage ein Camp des Instituts *People can change* in Florida besucht. Hier soll man sich „entschwulen" lassen können. Am Ende war er genauso schwul wie vorher, aber um eine interessante Erfahrung reicher.

Nachdem Papst Benedikt noch festgehalten hatte „Homosexualität ist mit dem Priesterberuf nicht vereinbar", spricht Papst Franziskus schon vier Monate nach seiner Amtseinführung offener: „Wenn jemand homosexuell ist und den Herrn sucht und guten Willen zeigt, wer bin ich, um zu urteilen?"

In evangelischen Kirchen können homosexuelle Paare längst mit kirchlichem Segen heiraten, auch schwule und lesbische Pfarrer sind hier anzutreffen. Etwas verwundert rieb man sich noch die Augen, als die berlin-brandenburgische Kirche 2017 mit eigenem Truck am Christopher Street Day teilnahm. Zunächst hatte es sogar geheißen, man wolle Kondome und Gleitgel vom Partywagen aus verteilen. Das ließ man dann aber doch bleiben.

Katholiken tun sich etwas schwerer, aber auch hier ist die Segnung gleichgeschlechtlicher Partnerschaften inzwischen mancherorts möglich. Auch bei den Freikirchen finden intensive Diskussionen statt. Vieles ist im Umbruch.

Es gibt einige Argumente, die die am Anfang aufgeführten, ablehnenden Verse in ein anderes Licht rücken. Manche argumentieren, dass Paulus in seinem Römerbrief von orgiastischem Knaben-Sex sprach. Thema sei also nicht eine homosexuelle Partnerschaft, sondern Machtmissbrauch und sexueller Missbrauch aus Notgeilheit. Und überhaupt: Die moderne homosexuelle Partnerschaft sei in Zeiten des Neuen Testaments in dieser Form noch gar nicht bekannt gewesen.

Ein weiteres Argument lautet: Jesus selbst hat sich nie explizit zu dem Thema geäußert. Es könne also nicht so relevant sein.

Was mir einleuchtete, war der Ansatz: Auch, wer die Bibel wörtlich nehmen will bis zum letzten Vers, wird das nicht tun können. Wer will schon sein Kind steinigen, wenn es störrisch und ungehorsam ist? (5. Mose 21,18-21).

Mehr noch: Selbst, wer nur die erwähnten Verse wörtlich nehmen will, gerät ins Straucheln. Denn 3. Mose 20,13 nennt es nicht nur eine abscheuliche Tat, wenn „ein Mann mit einem anderen Mann schläft", sondern hat auch gleich die Konsequenzen parat: „Beide sollen mit dem Tod bestraft werden". Zum Glück kenne ich keinen Christen, der die Schrift SO wörtlich nehmen möchte.

In dem Bemühen, sich nicht von Nebensächlichkeiten ablenken zu lassen und auf das Wesentliche zu blicken, wird oft auf Martin Luthers Prüfstein verwiesen: „Was Christum treibet". Wir sollen also die Bibel lesen aus der Perspektive: Wo kommt die Gute Nachricht von Jesus vor?

Ein menschenliebender Jesus, der uns alle annimmt – aber Homosexuelle ausgrenzt? Viele Christen sind zu dem Ergebnis gekommen, dass dies nicht ist, „was Christum treibet".

I

wie

Identität

Wer bin ich? (... und fast automatisch ergänzt man im Kopf „Und wenn ja – wie viele?“, nach dem Bestseller von Richard David Precht). Auf TikTok und Co. inszenieren sich Influencer als unverwechselbare Marken. Geschlechterrollen werden hinterfragt und neu definiert. Die Botschaft scheint klar: Finde dich selbst, dann findest du das Glück! Aber wo fange ich an zu suchen? In mir selbst? Oder in der Bibel?

Für Christen ist die Identität zuallererst ein Geschenk Gottes. Sie glauben, dass jeder Mensch einzigartig und mit einem Ziel von Gott geschaffen wurde. Hier wird gern auf Psalm 139 verwiesen: „Du hast mich mit meinem Innersten geschaffen, im Leib meiner Mutter hast du mich gebildet. Herr, ich danke dir dafür, dass du mich so wunderbar und einzigartig gemacht hast! Großartig ist alles, was du geschaffen hast – das erkenne ich!“

Im Neuen Testament lesen wir häufig, dass wir ein neues Leben haben durch Jesus. Paulus schreibt zum Beispiel: „Gehört also jemand zu Christus, dann ist er ein neuer Mensch. Was vorher war, ist vergangen, etwas völlig Neues hat begonnen“ (2. Korinther 5,17).

Wir verdanken unsere Identität also (unserem Glauben an) Jesus. Sie ist – christlich gesehen – ein Geschenk. Völlig unabhängig von unserer Herkunft, unserem Geschlecht oder unseren Leistungen. Gideon zum Beispiel hatte zunächst wenig Verständnis dafür, dass Gott ausgerechnet ihn berief: „Geh und rette Israel aus der Gewalt der Midianiter! Du hast die Kraft dazu!" Er widersprach: „Meine Sippe ist die kleinste in Manasse, und ich bin der Jüngste in unserer Familie."

Aber Gideons Identität war nicht von seinen Umständen oder Gefühlen bestimmt, sondern von Gottes Zusage: „Ich stehe dir bei" (Richter 6). Das ist nicht exakt dasselbe, was wir aktuell oft erleben. Der Trend heißt eher: Jeder schmiedet sich seine Identität. Es geht um Selbstverwirklichung und Autonomie.

Aktuell ganz heiß in der Diskussion: die Geschlechtsidentität. Das neue Selbstbestimmungsgesetz wird auf der Website des Justizministeriums beworben mit dem Hashtag #SeiDuSelbst. Dort heißt es einleitend: „Zur Menschenwürde und zum Recht auf freie Entfaltung der Persönlichkeit gehört auch das Recht auf geschlechtliche Selbstbestimmung." Hoppla, die biblische Menschenwürde in einem Atemzug mit geschlechtlicher Selbstbestimmung? Klar, dass es da in den Debatten hoch hergeht.

Konkret darf jetzt jeder seinen Geschlechtseintrag und Vornamen jährlich beim Standesamt ändern lassen, ohne dass dafür medizinische Gutachten oder Atteste vorgelegt werden müssen. Ab 14 Jahren nach Beratung mit Zustimmung der Eltern (oder der eines Familiengerichts).

Die einen sagen: Super, endlich wird das Recht auf Selbstbestimmung gestärkt und außerdem die Würde von trans- und intergeschlechtlichen Menschen geachtet. Die anderen warnen vor Missbrauch und befürchten, dass eine so weitreichende Entscheidung Jugendliche überfordert.

Und die Christen? Um zu unterstreichen, wie unvorhersehbar und vielfältig die Stimmen der Gläubigen gerade in den großen Streitfragen unserer Zeit sind, hier ein kleines Quiz. Ich nenne Ihnen eine Reaktion auf das Selbstbestimmungsgesetz – von wem könnte sie stammen?

A) „Es ist ein guter Tag für Selbstbestimmung und Menschenwürde. Ich bin der festen Überzeugung, dass der Einsatz für die verbesserte gesellschaftliche Teilhabe von trans* und inter* Menschen mit der Einführung des Selbstbestimmungsgesetzes nicht enden darf. Es gibt noch viel zu tun."

B) „Als problematisch empfinden wir aber, dass die Geschlechtlichkeit mit dem neuen Gesetz scheinbar in das Belieben jedes und jeder Einzelnen gestellt wird und dass damit die gute Schöpfungsordnung Gottes infrage gestellt wird."

C) „Selbstbestimmung und Gleichberechtigung sind keine Zugeständnisse, sondern unveräußerliche Rechte, auch für Kinder und Jugendliche. Wir setzen uns weiter dafür ein, dass diese Rechte für alle Menschen umfassend gewährleistet werden."

D) „Ein theologisch wie menschenrechtlich gebotener Schritt. Er markiert einen Paradigmenwechsel von der medizinischen Pathologisierung hin zur Selbstbestimmung von trans*, intergeschlechtlichen und nicht-binären Personen." „Ein Meilenstein im Kampf gegen Diskriminierung und für eine inklusive Gesellschaft."

E) „Gott hat Mann und Frau gerade in dieser Verschiedenheit füreinander geschaffen, um in Liebe und Ehe als Familie mit Kindern der Fortpflanzung unserer Art zu dienen." „Kein katholischer Bischof und keine evangelische Kirchenpräsidentin hat es bisher gewagt, gegen dieses Gesetz Kritik zu äußern und an die biblischen Grundlagen zu erinnern."

F) „Es ist gut und richtig, dass die Abwertungen, Diskriminierungen und Verletzungen, die mit dem alten Transsexuellengesetz verbunden waren, nun ein Ende haben."

A = Irme Stetter-Karp, Präsidentin des Zentralkomitees der deutschen Katholiken (ZdK)
B = Arbeitskreis Bekennender Christen in Bayern.
C = Bund der Deutschen Katholischen Jugend
D = Dachverband Evangelische Frauen in Deutschland (EFiD)
E = Lutherischer Konvent im Rheinland
F = Christian Stäblein, Landesbischof der Evangelische Kirche Berlin-Brandenburg-schlesische Oberlausitz (EKBO)

Ist das nicht herrlich? Viele Christen, viele Meinungen. Sachlich vorgetragen, gehört, erwogen. Wir haben die Weisheit nicht mit Löffeln gefuttert und nicht auf alles eine einstimmige Antwort. Schon der Apostel Paulus schreibt, dass unsere Erkenntnis nur bruchstückhaft ist (1. Korinther 13,9). Und die meisten Christen sind (wie viele andere Menschen auch) redlich bemüht, diese Bruchstücke der Erkenntnis bestmöglich im Hier und Heute zusammenzusetzen. Für mich ist das eine der Schönheiten des Glaubens: Wir dürfen diskutieren, sind frei, unterschiedlicher Meinung zu sein und neue Erkenntnis zu gewinnen. Lifelong Learning – auch und erst recht als Christ.

Mich haben die so unterschiedlichen und häufig sehr positiven Reaktionen tatsächlich überrascht. Das liegt wohl daran, dass ich oft in einem sehr frommen Umfeld unterwegs bin, in dem das neue Gesetz deutlich kritischer gesehen wird. Hier geht es in den Gegenargumenten übrigens nur selten um die Stammtisch-Einwände wie: „Höhö, dann änder ich mal für ein Jahr mein Geschlecht, damit ich auch mal in die Frauensauna darf." Dass jemand aus dieser Motivation heraus solch einen Aufwand betreiben würde, glauben dann doch nur wenige.

Meist beißt sich die Kritik an den niedrigen Hürden für sehr junge Menschen fest und an der Möglichkeit, theoretisch jährlich den Namen und das Geschlecht formal wechseln zu können. Natürlich lässt sich das Thema Geschlechtsidentität nicht auf wenigen Seiten erschöpfend behandeln, und eine Änderung im Pass ist etwas völlig anderes als eine Hormontherapie oder Operationen hin zu einem anderen Geschlecht.

Doch die neuen Möglichkeiten verursachen bei vielen ein Störgefühl in dem Glauben, dass wir unsere Identität von Gott bekommen haben und sie nicht alle paar Monate mit uns selbst aushandeln müssen. Dass wir einen Anker haben, der uns davor bewahrt, immer wieder wegzutreiben und nie zur Ruhe zu kommen.

Um es etwas sympathischer zu formulieren: Der Gedanke, der mir oft in Gesprächen über das Thema Geschlechteridentität begegnete, war: Es herrscht eine solche Verunsicherung. Unser Job als Christen ist es, auch den jungen Menschen zu zeigen: Du bist geliebt und gewollt, so wie du bist. Du musst dir nicht selbst eine neue Identität erschaffen. Du darfst dich von Gott geliebt und angenommen wissen – und dann fröhlich entdecken, wie du mit deiner einzigartigen Persönlichkeit zum Segen für andere werden kannst.

Wir Christen glauben: Gott hat uns zuerst geliebt. Ohne Voraussetzung, ohne Bedingung. Jeder ist angenommen und wertgeschätzt, egal welcher Geschlechtseintrag im Pass steht.

I

wie

Individualismus

Ich habe mich vor Kurzem ausführlich mit einem Experten für Künstliche Intelligenz unterhalten. Für mich war dieses Feld erst mit der Veröffentlichung von *ChatGPT*, dem intelligenten Chat-Programm von *OpenAI*, relevant geworden. Aber dann so richtig und mit Schmackes: Innerhalb weniger Monate hatte ich mich mit Wissen druckbetankt und beschlossen, dass dieser Trend eine Revolution sein wird – auch in meinem Beruf als Journalist. Also musste ich Spezialist werden.

Ich absolvierte Uni-Kurse, las mich tiefer und tiefer ein und hatte das Glück, für *BILD* dieses Thema intensiv auch praktisch bearbeiten zu können.

Meinen Gesprächspartner beeindruckte mein neu erworbenes Wissen wenig. Klar. Er war latent genervt davon, dass eine ganze Welt plötzlich die Möglichkeiten von Künstlicher Intelligenz neu entdeckte und meinte, nun alles verstanden zu haben – während er schon seit Jahren damit arbeitete. Ihm waren die Logiken dahinter viel vertrauter (schließlich ist maschinelles Lernen nicht erst mit *ChatGPT* erfunden worden, sondern hat schon Jahrzehnte auf dem Buckel). Meine fast kindliche Euphorie ging ihm sichtlich auf den Zeiger. Als wolle er sagen: „Schön, dass du es nun auch entdeckt hast – aber musst du gleich so übertreiben?"

Ein bisschen lässt sich diese Situation damit vergleichen, wie Christen manchmal auf den Megatrend der Individualisierung blicken. Die Entfaltung des „Ich" steht so dermaßen im Zentrum, dass kaum noch hinterfragt wird, ob die Selbstoptimierung und Selbstentfaltung wirklich das höchste Gut ist. Christen wird nicht unbedingt eine Position an der Spitze dieser Bewegung nachgesagt. Dabei waren gerade sie es, die schon vor vielen hundert Jahren diesen Wert eines jeden Einzelnen sichtbar gemacht und in den Kulturen verankert haben.

Nicht umsonst wurden Christen in autokratischen Systemen immer wieder verboten und unterdrückt, um den typischen Freiheits- und Individualisierungsdrang im Keim zu ersticken (hier muss ich kleinlaut einfügen, dass auch Kirchen sich schon von solchen Systemen haben korrumpieren lassen und fröhlich das Lied der Diktatoren mitgesungen haben). Die ursprüngliche christliche Botschaft, dass jeder Mensch als Ebenbild Gottes einen enormen Wert und eine unveräußerliche Würde besitzt, steht im krassen Widerspruch zu Ideologien, die den Einzelnen der Gruppe oder dem Staat unterordnen wollen.

Das Christentum hat die Idee in die Welt gesetzt, dass der Mensch mehr ist als ein Rädchen im Getriebe, mehr als ein austauschbarer Funktionsträger in einem übermächtigen System. Mit der Reformation und Luthers Anspruch, dass jeder Christ unmittelbar vor Gott stehen kann (ohne Priester als Mittelsmänner), wurde jeder von uns noch mündiger.

Wir Christen glauben: Jeder Mensch ist einzigartig und von Gott gewollt (Psalm 139,13-14). Und sogar nach dessen Ebenbild geschaffen (1. Mose 1,27).

Und so stehen Christen nun da: Irgendwie Miterfinder von und Kämpfer für Menschenwürde und Selbstwert – und gleichzeitig auf die Zuschauerplätze verwiesen von einem riesigen Trend des absoluten Individualismus', in dem im krassesten Fall kein Platz mehr für Gott ist, wenn er der Selbstverwirklichung im Weg steht.

Und genau hier liegt der Knackpunkt, warum tatsächlich viele Christen entnervt mit den Augen rollen, wenn mal wieder ein Ego-Ratgeber die Bestsellerliste anführt. Denn der Unterschied ist: Der christliche Individualismus ist kein Selbstzweck, Selbstverwirklichung nicht das Lebensziel. Es gibt zwar eine große Einigkeit zwischen den Ego-Kämpfern von heute und den Christen – nämlich, dass das „Ich" wertvoll ist. Die Differenzen finden sich aber häufig beim „Wofür". Wofür setze ich meine Einzigartigkeit ein? Wofür nutze ich meine persönlichen Stärken? Wofür habe ich sie überhaupt? Individualität, die zu Egoismus oder gar Narzissmus führt, hat nichts mit dem christlichen Selbstwert zu tun. Denn die fromme Antwort auf diese Fragen lautet: um Gott und den Mitmenschen zu dienen. Wir sehen unsere Vorzüge nicht als eigene Leistung, sondern in der Regel als Gottes Gaben und Talente, mit denen wir verantwortungsvoll umzugehen haben. Wenn wir glauben, dass jeder Mensch eine Würde besitzt, die sowohl unantastbar als auch unverlierbar ist, können wir an niemandem achtlos vorübergehen – an keinem Bettler, an keinem, der Hilfe braucht, an keinem, der anders denkt.

Christen sehen eben nicht das „Ich" als oberste Instanz. Und sie haben nicht den Anspruch, für sich selbst allmächtig zu sein. Und auch nicht, durch-optimiert zu sein. Wir halten uns für bedingungslos geliebt von Gott, inklusive aller

Schwächen. Das befreit auch von dem Druck, sich selbst einen Wert geben zu müssen.

Das klingt alles etwas sperrig. Und natürlich gibt es auch hier nicht „die eine" christliche Sicht. Aber um es so weit wie möglich einzudampfen: Wenn der Individualismus so weit geht, dass sich jemand selbst zum Ego-Gott erhebt, indem er oder sie entscheidet, was die absolute Wahrheit ist, was gut und was böse ist (im Sinne von „... kommt auf jeden persönlich an" oder „... muss jeder für sich entscheiden"), dann kann es knirschen im Miteinander.

Denn neben einer Portion Individualismus gehört zum Christentum der Wert der Gemeinschaft und – als oberster Chef – die göttliche Autorität. Sie ist für Christen der ultimative Kompass, an dem sie sich orientieren.

Als ich in Artikeln und Literatur zu dem Thema schmökerte, stolperte ich über einige interessante Punkte aus der Trendforschung. Unter anderem gibt es die These, dass das „einzigartige, autonome Ich" seinen Zenit überschritten habe und sich als „Teil einer Wir-Kultur" neu entdecke. Außerdem wird „identitären Einzelkämpfern" keine Blütezeit vorausgesagt.[5] Individuell, aber in Gemeinschaft. Nicht gleichgültig den anderen gegenüber, sondern fürsorglich. An dieser Aussicht würde sich kaum ein Christ stoßen.

I

wie

Islam

2015 habe ich zum ersten Mal bei *BILD* über meinen christlichen Glauben geschrieben. Ich war etwas nervös, wie die Kolleginnen und Kollegen darauf reagieren würden. Damals war ich stellvertretender Chefredakteur und hatte Sorge, dass sich nun etwas im Miteinander verändern könnte, zum Beispiel in Themenkonferenzen. Die Sorge war unbegründet. Im Gegenteil: Mehrere Kollegen schickten mir ermutigende Mails oder teilten mir ihre Freude darüber mit, einen Glaubensbruder gefunden zu haben. Was noch überraschender für mich war: Gerade unsere muslimischen Kollegen empfanden mein Christen-Outing überhaupt nicht als verstörend. Sie nahmen es eher als Einladung, mit mir über den Glauben zu sprechen.

Dank ihnen habe ich wahnsinnig viel über den Islam gelernt und mich einmal durch den Koran gearbeitet. Auf ihre Initiative hin habe ich mich mit einem Imam in Berlin getroffen und lernte, dass mein bisheriges Wissen über den Islam aus allerlei Vorurteilen bestanden hatte. Dass zum Beispiel sogar jüdische Synagogen eine positive Erwähnung im Koran finden, war mir vorher völlig unbekannt (Sure 22, Vers 39-40): „Und hätte Gott nicht die Menschen, die einen durch die anderen zurückgehalten, zerstört worden wären Klöster, Kirchen, Synagogen und Moscheen, in denen der Name Gottes oft genannt wird."

Eigentlich ließe sich das ganze Kapitel sehr knapp zusammenfassen: Christen müssen kein Problem mit dem Islam haben. Aber alle, denen Freiheit und Glaubenstoleranz am Herzen liegen, sollten ein Problem mit Islamismus haben.

Leider ist es nicht so einfach. Schauen wir zunächst auf den Islamismus. Er wird vom Bundesinnenministerium so definiert: „In Abgrenzung zur Religion Islam bezeichnet der Begriff Islamismus eine religiös verbrämte Form des politischen Extremismus. Unter Berufung auf den Islam zielt der Islamismus auf die teilweise oder vollständige Abschaffung der freiheitlichen demokratischen Grundordnung der Bundesrepublik Deutschland ab.

Der Islamismus basiert auf der Überzeugung, dass der Islam nicht nur eine persönliche, private Angelegenheit ist, sondern auch das gesellschaftliche Leben und die politische Ordnung bestimmt oder zumindest teilweise regelt. Der Islamismus postuliert die Existenz einer gottgewollten und daher wahren und absoluten Ordnung. Sie steht über den von Menschen gemachten Ordnungen. Mit ihrer Auslegung des Islam stehen Islamisten im Widerspruch insbesondere zu den im Grundgesetz verankerten Grundsätzen der Volkssouveränität, der Trennung von Staat und Religion, der freien Meinungsäußerung und der allgemeinen Gleichberechtigung. Ein wesentliches ideologisches Element des Islamismus ist außerdem der Antisemitismus."

Das kann keiner in Deutschland wollen. Das wollen auch die allermeisten Muslime nicht.

Trotzdem gibt es immer wieder unbehelligt Demos in Deutschland, die genau das fordern: ein Kalifat, einen Gottesstaat. Politiker reagieren dann mit markigen Worten. Aber nur selten wird hart dagegen vorgegangen.

Natürlich bemühen sich Islamisten eifrig, gerade gläubige junge Muslime zum Beispiel via *TikTok* davon zu überzeugen, dass ihre extremistische Form der wahre Glaube ist. Und genau hier liegt oft die große Ratlosigkeit: Wann stehe ich dagegen auf? Wann werden Politiker aktiv? So schnell steht der Vorwurf der Diskriminierung oder gar des Rassismus' im Raum. Nicht immer zu Unrecht.

In Deutschland gilt die Trennung von Kirche und Staat. Schon Luther hat mit der Zwei-Reiche-Lehre argumentiert: Es gibt das Reich Gottes (geistliches Reich) und das weltliche Reich. Zwar unterstehen beide im christlichen Glauben Gott. Aber sie funktionieren getrennt voneinander. Ein fundamentaler Bibelvers steht dazu im Matthäus-Evangelium: Die Pharisäer fordern hier Jesus heraus mit der Frage, ob sie dem römischen Kaiser Steuern zahlen sollten. Jesus nimmt daraufhin eine Münze in die Hand mit dem Bild des Kaisers und sagt: „Nun, dann gebt dem Kaiser, was ihm zusteht, und gebt Gott, was ihm gehört!" (Matthäus 22,21). Paulus schreibt später: „Jeder soll sich den Behörden und Amtsträgern des Staates unterordnen" (Römer 13,1).

Hat zwar noch eine Weile gedauert – aber inzwischen ist es breiter Konsens, dass Christen sich zwar gern politisch einbringen dürfen und sollen. Aber dass es nicht ihr Ruf ist, den Staat zu übernehmen und ihre Glaubensregeln zu Gesetzen zu machen. Ein Blick auf das Mullah-Regime des Iran reicht aus, um den Unterschied zum Islamismus klar vor Augen zu haben.

Dann gibt es noch das bedrohlich klingende Wort der Islamisierung. Manchmal ist auch damit gemeint, dass

Staatsformen Gefahr laufen, unterwandert zu werden. Häufig ist es aber auch Ausdruck der schieren Sorge, dass der Islam dem Christentum den Rang ablaufen könnte.

An dieser Stelle vielleicht ein paar ermutigende Christen-Zahlen: Allen Kirchenaustritten in Deutschland zum Trotz gab es noch nie so viele Christen weltweit wie zurzeit. Weit mehr als zwei Milliarden. Gerade in afrikanischen Ländern boomen die Zahlen, in Südamerika gibt es einen Trend vom Katholizismus hin zum Protestantismus und zu den evangelikalen Kirchen.

1,8 Milliarden Menschen werden zum Islam gezählt. Es gibt zwar Studien, die besagen (zum Beispiel vom PEW Research Center in den USA), dass der Islam das Christentum im letzten Drittel dieses Jahrhunderts als weltgrößte Religion ablösen wird. Aber nicht, weil die Christen aussterben, sondern weil ihre Zahl langsamer wächst. Das hängt dann auch sehr damit zusammen, wen man zu welcher Konfession zählt. Bin ich schon Christ, nur weil ich Weihnachten feiere? Auch Geburtenraten haben einen starken Einfluss. Kurz: Es gibt keine Hinweise darauf, dass das Christentum kurz vor seinem Untergang stehen könnte. In Deutschland gibt es noch etwa siebenmal so viele Kirchenmitglieder wie Muslime.

Ein weiterer Grund, warum sich viele Christen schwertun mit dem Islam, ist ganz banal das Gefühl, ungerecht behandelt zu werden. Über Jesus darf man Witze machen. Als Christ bist du es gewohnt, mitleidig belächelt zu werden. So geht man mit dem Islam und mit Muslimen hingegen nicht um.

Auf *X* verbreitete sich kürzlich ein Video, das zeigt, wie Muslime in der Uni Göttingen ein Gruppengebet abhielten – im zentralen Hörsaal. Männer und Frauen in getrennten Sektionen. Die Kommentierungen blickten zwar auch auf mögliche politische Verbindungen der Redner. Am häufigsten ging es aber doch um Eindrücke wie „Machtdemonstration", „Das Abendland hat fertig", „Was hat so etwas an einer Uni verloren?" Es gibt ein Empfinden, dass Muslime unter dem Schutz der politischen Korrektheit Dinge tun dürfen, die Christen nicht erlaubt sind. Ob das immer so stimmt, ist dabei fast zweitrangig. Wer erinnert sich noch an die Debatte, ob Kruzifixe in Amtsstuben gehören? In Bayern hängen sie weiterhin. Nun würde der wache Nachrichten-Zuschauer sofort entgegnen: „Dafür haben sie bei der Werbung für die Zugspitze im arabischen Raum das Gipfelkreuz nicht auf dem Foto gezeigt". Sie sehen: Es kann heiter hin und hergehen.

Weniger im Licht der Öffentlichkeit steht die Diskussion, ob wir nicht ohnehin alle zu ein und demselben Gott beten. Immerhin fußen der Islam, das Judentum und das Christentum auf Abraham.

In Berlin wächst das *House of One*, ein Haus mit einer Synagoge, einer Kirche und einer Moschee unter einem Dach. Natürlich gab es auch dort sofort reichlich Kritik, dass Dinge vermischt würden, die nicht zu vermischen seien. Laut der Charta des *House of One* ist es aber auch gar nicht das Ziel, die Religionen gleichzuschalten. Da zum Beispiel Jesus sehr klar sagt: „Ich bin der Weg, ich bin die Wahrheit, und ich bin das Leben! Ohne mich kann niemand zum Vater kommen" (Johannes 14,6), wäre das auch eine ziemliche Kapriole.

Vielmehr gehe es um „Kennenlernen und den Austausch von Menschen unterschiedlicher Religionen“ (House of One).

Mir gefällt der Gedanke. Ich bin überzeugt, dass wir Christen von Muslimen einiges lernen können (umgekehrt sicher auch). Allen voran den selbstbewussten Umgang mit dem Glauben.

Ich durfte erfahren, dass mir kein Muslim in meinem Umfeld den Lebens-Kniefall vor Jesus übelgenommen hat. Im Gegenteil: Die positiven Reaktionen haben mich damals ermutigt, ohne Scheu zu meinem Glauben an Jesus Christus zu stehen und ihn öffentlich zu bekunden, wann immer ich die Chance dazu habe.

Ich glaube nicht, dass wir Christen mehr Furcht vor dem Islam brauchen – sondern mehr Mut, zum eigenen Glauben zu stehen und für ihn einzutreten. Die Muslime, die ich kenne, respektieren mich und meinen Glauben ebenso, wie ich ihren respektiere. Wo das nicht geschieht, sollten wir den Mut haben, dagegen aufzustehen.

K

wie

Kirche

Kirche – was für ein Bild formt sich in Ihrem Kopf, wenn Sie dieses Wort hören? Vielleicht denken Sie an einen prachtvollen Bau im Stadtzentrum? Oder vielleicht erscheint vor Ihrem inneren Auge der Papst als Oberhaupt der katholischen Kirche. Für viele Menschen ist Kirche gleichbedeutend mit einer Institution, einer Hierarchie, die Regeln und Traditionen bewahrt und durchsetzt. Oder schlicht mit einem ziemlich zugigen, großen, leeren Raum.

Wenn von der Kirche in Deutschland die Rede ist, dann flutet einem nicht unbedingt eine Welle der Sympathie entgegen. Zurecht platzt vielen die Hutschnur, und Fassungslosigkeit macht sich breit, wenn ein weiterer Missbrauchsskandal aufgedeckt und kurz danach enthüllt wird, wie lange er vertuscht worden war.

Da sehnt man sich schon fast in die Zeit zurück, als der „Protz-Bischof von Limburg" Franz-Peter Tebartz-van Elst der größte kirchliche Aufreger des Landes war. Abgesehen davon, dass der Neu- und Umbau des Bischofshauses und einiger weiterer Gebäude zunächst mit 5,5 Mio. Euro veranschlagt war und sich die Kosten später sportlich auf mehr als 30 Mio. Euro hochschraubten, fielen einige extravagante Details besonders ins kritische Auge der Öffentlichkeit. Zum Beispiel eine freistehende Badewanne für 15 000 Euro oder ein Seilzug für einen Adventskranz für 50 000 Euro. Es war das Ende seiner Bischofskarriere und ein weiterer heftiger Imageschaden für die (katholische) Kirche.

Die Heftigkeit der Auswirkungen kirchlicher Fehltritte unterscheidet sich natürlich krass je nach Tat und Epoche. Aber wer missbilligend auf die Kirche blicken will, findet dazu durch alle Jahrhunderte hinweg reichlich Beispiele. Kreuzzüge werden genannt, Hexenverfolgung. Zwar gab es unter Hitler großartige, mutige Widerstandskämpfer aus dem kirchlichen Bereich wie Dietrich Bonhoeffer, die sehr früh erkannt hatten, dass die Nazi-Ideologie nicht mit der Bibel in Einklang zu bringen ist. Doch mit den *Deutschen Christen* richteten sich eben auch viele mit und in ihrem Glauben bei Hitler ein.

Wenn wieder neue Austrittsrekorde bei den protestantischen und katholischen Kirchen in Deutschland vermeldet werden, habe ich oft das Gefühl, als ging ein Kichern der Schadenfreude durch die Republik.

Das ist wahnsinnig traurig. Denn: Neben den dunklen Kapiteln haben die Kirchen wahnsinnig viel Gutes zu unserem Leben beigetragen und tun es bis heute. Ich liste hier nicht alle Verdienste auf, zum einen, weil der größte Wert wohl in der persönlichen Seelsorge und in der Hirtenschaft für jeden einzelnen Christen ganz persönlich besteht. Zum anderen aber auch, weil es bei Kirche gar nicht darum geht, die Fehltritte gegen die Leistungen aufzuwiegen.

Denn die heutige Kirche – in Deutschland die evangelischen Landeskirchen und die katholische Kirche – und wie wir auf sie blicken, haben wenig mit dem zu tun, was Jesus meinte, als er zu Petrus sagte: „Auf diesen Felsen werde ich meine Kirche bauen“ (Matthäus 16,18; Züricher).

Das Wort „Kirche“, das vom altgriechischen „Kyriakon“ abstammt, meint das Gotteshaus oder die „Organisation einer

Glaubensgemeinschaft“ (so beschreibt es das *Domradio*). Was aber in der Bibel immer wieder genannt wird, ist die „Ecclesia“, was wiederum „die Herausgerufenen“ sind oder „die Versammlung“, „die Gemeinde“ – also die Gläubigen. Kein Gebäude, keine Institution, sondern die Gemeinschaft von Christen. Eigentlich etwas anderes als ein Kirchenbau, eine Institution oder eine „Körperschaft des öffentlichen Rechts“ (das sind die Landeskirchen und die katholische Kirche). Aber in unserer Sprache und in vielen Bibelübersetzungen hat sich die Kirche durchgesetzt: sowohl für das Gebäude als auch für die Institution, als auch für die Gemeinde.

Ich mache so viele Worte darum, weil das für mich eine sehr wichtige Erkenntnis war: Für mich war die Kirche lange Zeit ein Ort gewesen, der groß, kalt und meist ziemlich leer war. Oder eben eine Institution, gegen die ich einige Vorurteile hatte, ziemlich viele sogar, weil es geradezu hip war, die Kirche mies zu machen.

Als ich dann als frischgebackener Christ Mitte 30 ein ganz anderes Gemeindeleben kennenlernte, war ich komplett überrumpelt. Ich besuchte Kirchen, die nach dem Gottesdienst zusammen Mittag aßen, Kirchen mit eingebautem Kinderspielplatz im Saal. Gemeinschaften, die zwar auch sonntags zusammenkamen, aber ebenso unter der Woche Kontakt hatten, sich halfen, gemeinnützige Aktionen starteten, abendliche kleine Bibelgruppen organisierten.

Auch dieses Bild ist sicherlich verzerrt. Denn aus irgendeinem Grund war ich deutlich häufiger in sogenannten Freikirchen unterwegs als in den Landeskirchen (Freikirchen sind dezentraler organisiert, leben von Spenden und Beiträgen statt von der Kirchensteuer, und durch diese Autonomie gibt es die buntesten Strömungen). Trotzdem war ich platt, wie Kirche auch gelebt werden kann. Selbst im säkularen Berlin sind sonntags diverse Kinosäle bis auf die letzten Plätze gefüllt, weil Kirchen wie *ICF* oder *Hillsong* oder das *Berlin Projekt* zum Gottesdienst laden. Viele von ihnen mehrmals täglich wegen des großen Andrangs.

Ich schreibe das nicht so begeistert auf, um Werbung für Freikirchen zu machen. Je nach Ausprägung läuft auch hier manches schief und wir alle haben schon Geschichten davon gehört, wie beengend es werden kann, wenn es zu familiär wird – fast wie in einem Gefängnis.

Doch diese Erfahrungen lehrten mich zwei Dinge, wenn mal wieder gnadenlos mit der Kirche abgerechnet wird:

1) Kirche ist nicht gleich Kirche. Ob katholisch oder evangelisch: Jede Gemeinde hat ihr eigenes Wesen, hat Fehler und Stärken.

2) Kirche ist nicht Institution oder Gebäude, sondern Kirche sind wir. Oder wie es in 1. Korinter 12,27 heißt: „Ihr alle seid der eine Leib von Christus, und jeder Einzelne von euch gehört als ein Teil dazu."

Viele Christen sind gar nicht so happy mit den Riesen-Institutionen, die wir heute haben. Wir schauen manchmal in die USA und sind baff über die Frömmigkeit in bestimmten Regionen. Diese frommen Christen wiederum schauen auf uns und wundern sich zum Beispiel, dass wir bereitwillig

Kirchensteuer zahlen. Das wäre bei ihnen undenkbar. Auch in Deutschland wird es Ihnen nicht schwerfallen, einen Christen zu finden, der gut auf die Kirchensteuer verzichten könnte. Denn die Bibel verlangt dieses Setup nicht. Es ist historisch gewachsen (und dafür gab es viele gute Gründe, wie zum Beispiel: finanzieller Ausgleich für die Verstaatlichung kirchlichen Eigentums. Die Kirchensteuer ist – sehr grob zusammengefasst – Spätfolge der Säkularisation im 19. Jahrhundert).

Es gibt jedenfalls einen Trend zurück zum Ursprung dessen, was wir als „Kirchengemeinschaft" aus der Bibel kennen. Die sehr junge Gemeinde wird uns in der Apostelgeschichte beschrieben (2,42-47): „Alle, die zum Glauben an Jesus gefunden hatten, ließen sich regelmäßig von den Aposteln unterweisen und lebten in enger Gemeinschaft. Sie feierten das Abendmahl und beteten miteinander. Die Gläubigen lebten wie in einer großen Familie. Tag für Tag kamen die Gläubigen einmütig im Tempel zusammen und feierten in den Häusern das Abendmahl. In großer Freude und mit aufrichtigem Herzen trafen sie sich zu den gemeinsamen Mahlzeiten."

Hier wird vielleicht deutlich, was die meisten Christen umtreibt, wenn beherzt über die Kirche diskutiert wird: Es ist weniger die Angst vor Kirchenaustritten. Sondern die Sehnsucht nach echter, lebendiger, dynamischer Gemeinschaft. Einen Vers weiter lesen wir von den Auswirkungen des frühen Gemeindelebens: „Sie lobten Gott und waren im ganzen Volk geachtet und anerkannt." Na, das wär ja mal wieder was!

K

wie

Künstliche Intelligenz

Haben Sie schon entschieden, wie Sie zu dem Hype um Künstliche Intelligenz (KI) stehen?

Macht Ihnen das Thema Sorge, sogar Angst? Dann finden Sie schnell Ihre Bestätigung bei klugen Köpfen. Das Genie Stephen Hawking warnte zum Beispiel schon vor vielen Jahren in einem *BBC*-Interview: „Eine vollständige Künstliche Intelligenz könnte das Ende der Menschheit bedeuten."

Oder sind Ihre Bedenken ganz pragmatisch – zum Beispiel, dass KI Jobs vernichten wird? Auch dann haben Sie prominente Unterstützung, wie vom *Tesla*- und *X*-Besitzer Elon Musk oder dem Tech-Milliardär Peter Thiel.

Vielleicht sind Sie aber auch euphorisch wegen der neuen Möglichkeiten? Natürlich gibt es hier ebenfalls reichlich Gleichgesinnte. Nehmen wir den Milliardär und CEO von *JP Morgan Chase*, Jamie Dimon. Er sagt: „Ihre Kinder werden 100 Jahre alt werden und dank KI kein Krebs haben. Und sie werden wahrscheinlich dreieinhalb Tage die Woche arbeiten."

Ganz egal, wie Sie auf das Thema KI blicken: Sie sind nicht allein. Für jede Perspektive gibt es gute Argumente und prominente Vertreter, deren Zitate man gekonnt in die aktuellen, feurigen Diskussionen einstreuen kann, um zu punkten.

Das Schöne ist: Keine dieser Thesen ist falsch! Sie können nicht daneben liegen. Denn keiner weiß, was genau passieren wird. Nur in einem sind sich fast alle einig: KI wird unser Leben – und die Art und Weise, wie wir leben – enorm verändern.

Ich habe das Glück, aktuell 110 Prozent meiner Arbeitszeit dem Thema KI widmen zu können. Mein Fokus liegt hier auf den sogenannten *Large Language Models (LLMs)* wie *GPT* – also den Modellen, die aufgrund ihrer gigantischen Trainingsdaten in der Lage sind, Antworten in fast menschlicher Sprache zu geben und Diskussionen in jeder gewünschten Tonalität zu führen.

Nebenbei habe ich Spaß daran, Stimmen zu synthetisieren oder Bilder und nun auch Videos mit KI zu basteln. Wie alle Medienhäuser arbeiten wir daran, herauszufinden, wo uns KI die Arbeit leichter machen kann, was wir plötzlich als Journalisten mit KI-Unterstützung Neues leisten und recherchieren können – und wie sich der Medienkonsum verändern wird.

Ich bin da vielleicht zu euphorisch. Denn natürlich gibt es auch hier wieder ganz verschiedene Glaubens-Blickwinkel, je nachdem, mit welchem Christen man sich unterhält.

Fangen wir weit oben an. Beim Papst.

In seiner Botschaft zum „Welttag der sozialen Kommunikationsmittel“ im Januar 2024 warnte er vor „kognitiver Verschmutzung“, wenn zum Beispiel mit künstlicher Intelligenz erzeugte Deep Fakes (also täuschend echte Fälschungen) die Wirklichkeit verdrehten.

Drei große Gefahren hat der Papst adressiert: „Polarisierung der öffentlichen Meinung, Herausbildung eines Einheitsdenkens, Verringerung von Pluralismus“.

Das sind – finde ich – berechtigte Sorgen. Aber sie verteufeln nicht die generative künstliche Intelligenz. So sagte Papst Franziskus auch: „Es liegt am Menschen zu entscheiden, ob er zum Futter für Algorithmen wird oder ob er sein Herz mit Freiheit nährt, das Herz, ohne das wir nicht in der Weisheit wachsen können." Es brauche „Herzensweisheit".

Er witterte auch Chancen. Zum Beispiel darin, dass der Zugang zu Wissen leichter werde und zum Beispiel fremde Sprachen bald keine Hürde mehr seien.

Den bemerkenswertesten Dialog über die Bedrohung der Christenheit hatte ich mit einem wunderbaren Kollegen. Er weiß, dass ich sehr tief in das Thema „Prompt Engineering" eingestiegen bin. Das bedeutet: Wie bringe ich eine KI dazu, exakt das zu tun, was ich von ihr will? Jede Eingabe an *ChatGPT* ist genau genommen ein Prompt. Wenn man aber ein System vorab korrekt einstellen will, ihm Grenzen geben möchte, Verhaltensmuster oder zusätzliche Wissensquellen, erfordert das ein bisschen mehr Systematik. Der Kollege war von dieser Herangehensweise fasziniert und schlug die Brücke zu dem Gedanken, dass der Mensch nun Gott spielen könne. Denn eigentlich sei die Bibel nichts anderes als ein langer Prompt an die Menschheit. Gott hat Regeln und Muster vorgegeben, nach denen wir (also die menschlichen Intelligenzen) nun handeln. Ebenso könnten wir jetzt verfahren.

Da überraschte es mich wenig, als ich am selben Tag auf einer Konferenz einen Vortrag sah mit der Überschrift: „How to play God in an AI World" – „Wie wir Gott spielen können in einer KI-Welt".

Na ja, durch meine tägliche Arbeit mit diesen Modellen weiß ich, dass wir davon noch ein bisschen entfernt sind. Allerdings ist es vielleicht auch nicht so leicht, wie es die EKD-

Ratsvorsitzende Annette Kurschus formulierte: „Künstliche Intelligenz kann nicht lieben, sie kann sich nicht einfühlen, kann kein Verständnis zeigen." *Doch wenn ich bedenke, wie ich jeden Tag mit meinem Laptop rede und er mir widerspruchslos zuhört, mich an meine Termine erinnert und mir bei meinen Problemen hilft, dann denke ich manchmal, vielleicht sind wir gar nicht so weit weg von einer kleinen digitalen Liebesaffäre. Zumindest vergisst mein Laptop nie unseren Jahrestag ... oder die Steuererklärung.*

Alles, was da oben in Kursiv steht, war nur ein winziges Blitz-Experiment. Ich habe *GPT-4o* gebeten, den Absatz zu beenden und dabei (Text-)Verständnis zu beweisen. Man sieht: So exklusiv sind einige „menschliche" Reaktionen nicht.

Die Kirche jedenfalls geht recht offen auf das Thema zu. Beim evangelischen Kirchentag im Juni 2023 feierte man den ersten KI-Gottesdienst. Mit künstlich erzeugter Predigt, vorgetragen von Avataren mit künstlichen Stimmen. Auf *Twitch* gibt es bereits Kanäle, die KI-generierte Antworten auf biblische Fragen liefern. Auch eine *Was würde Jesus tun*-App ist schon da. Für eine Kolumne für ein christliches Magazin haben unsere vier Kinder und ich *Chat-GPT* gebeten, in die Rolle von Jesus zu schlüpfen. Endlich durften sie all die Fragen stellen, auf die ich ihnen oft keine Antwort geben kann. Zum Beispiel: „Warum gibt es Mücken?" (Antwort vom KI-Jesus: „Alles in der Schöpfung hat einen Grund, auch wenn es für euch manchmal unangenehm ist.") Ich hatte damals den einen oder anderen mürrischen Leserbrief erwartet. Aber nichts dergleichen.

Es ist gut, dass wir neben unseren ersten Gehversuchen ähnlich leidenschaftlich die ethischen Aspekte diskutieren. Und ich bin begeistert zu sehen, wie Christen sich in diesen Räten, Kommissionen und mit ihren Gedanken einbringen.

Doch zur Zeit – so scheint es – gibt es zwar Skepsis, aber keine pauschalen Vorbehalte. Vielleicht ist es wirklich so einfach: Gott hat alles geschaffen – auch die Möglichkeit der Künstlichen Intelligenz. Wie so oft liegt es an uns, wie wir sie einsetzen und was wir daraus machen. Wir werden gute Taten sehen und böse Taten. Wir können gegen die bösen Möglichkeiten kämpfen und die guten Möglichkeiten noch besser machen.

K

wie

Klimawandel

Es gibt kaum ein Thema, bei dem das Spektrum christlicher Perspektiven so breit ist wie beim Klimawandel. Natürlich gibt es auch hier einige, die dem Gedanken folgen, dass es Hitzeperioden schon immer mal gegeben habe.

Wer sich darauf fokussiert zu beweisen, dass der ganze Klimawandel ein Märchen ist, wird immer genügend Material finden. Ich habe extra bei der Plattform *Telegram* Kanäle abonniert, um zu verstehen, wie klug dort Nachrichten und Fakten so zerlegt werden, bis die Botschaft rüberkommt, dass wir eigentlich alle einfach so weitermachen können wie bisher. Leider ist oft sehr schnell durchschaubar, dass diese „Infokanäle" vor allem ein Ziel haben: den Klimawandel als Lügenmärchen der Mächtigen zu entlarven. Zu viel Eifer und Überzeugungstat nimmt den Beiträgen oft ziemlich viel ihrer Seriosität.

Ein Beispiel aus einer dieser Gruppen, das mir von Christen geschickt wurde: „Die vermeintliche Grundlage für einen menschengemachten Klimawandel existiert laut *Spiegel TV*, *RTL* und den Auswertungen der Eisbohrkerne von Vostok gar nicht!!

Das sollte jeder erfahren, darum bitte fleißig teilen!! (...) Der Kanal bietet etliche weitere Berichte (...) die das Lügengebäude zum Einsturz bringen. (...) Das sollte uns alle interessieren!!"

Das verlinkte Video zeigt tatsächlich Ausschnitte aus mehr als 15 Jahre alten Beiträgen von *RTL* und *Spiegel TV*, in denen erklärt wird, dass NACH einer Erderwärmung (zum Beispiel nach einer Eiszeit) mit einer Verzögerung von einigen hundert Jahren der CO_2-Wert deutlich ansteigt. These: CO_2 ist nicht Ursache für die Erderwärmung, sondern eine Folge dessen.

Das Spannende daran ist: Das stimmt. Es ändert aber nichts daran, dass CO_2 nicht nur Folge, sondern eben auch Ursache ist. Und dass diese Bedeutung immer weiter zunimmt in unserem postindustriellen Zeitalter. Es gibt lange, journalistische Artikel, die sich genau damit beschäftigen und die irreführende Wirkung der alten Videos sehr sachlich aufdröseln. Die Journalisten investierten so viel Arbeit, die Aussagen der alten Beiträge zu überprüfen, weil die Clips inzwischen millionenfach angeschaut wurden und weiterhin ihre Wirkung entfalten.

Reisen wir weiter entlang des Spektrums christlicher Perspektiven auf den Klimawandel, ist unser nächster Halt die Bibel. Zum Christentum gehört auch der Gedanke, dass es eines Tages zu Ende geht mit der Welt, begleitet von reichlich Katastrophen. Nachzulesen in der Offenbarung. Nun habe ich wenige Christen getroffen, die schulterzuckend sagen: „Joa, der Klimawandel ist halt das Vorgeplänkel zur Apokalypse. Kann man nix machen, steht ja so in der Bibel." Der menschengemachte Klimawandel spielt in diesen Endzeitszenarien nämlich keine Rolle. Aber auch Christen mit dieser fatalistischen Gelassenheit soll es geben.

Ein Phänomen, welches dagegen deutlich verbreiteter ist: Tatsächlich steht die Rettung des Planeten in Angst vor dem baldigen Untergang nicht ganz oben im Aufgabenheft der meisten Christen.

Zumal uns die Bibel auch Hoffnung macht, dass Gott alles unter Kontrolle hat, dass unsere Zeit in seinen Händen steht (Psalm 31,16) und dass wir nicht in Panik verfallen müssen: „Darum fürchten wir uns nicht, selbst wenn die Erde erbebt, die Berge wanken und in den Tiefen des Meeres versinken" (Psalm 46,3).

Nimmt das die Christen bei diesem Thema aus der Verantwortung? Sicher nicht. In der Offenbarung gibt es einen weiteren Vers, der einen Christen eher ermutigen sollte, sich anständig der Umwelt gegenüber zu benehmen: „Aber die, die die Erde zugrunde richten, werden nun selbst zugrunde gerichtet werden" (Offenbarung 11,18).

Es ist unmöglich, einen christlichen Mainstream bei diesem Thema zu finden. Aber auf unserer Reise entlang des Meinungsspektrums sind wir jetzt wohl in der Mitte angekommen: Die Bibel schürt keine Panik – aber sie mahnt zur Verantwortung. Es geht weniger um „Letzte Generation" oder „5 nach 12" und mehr um die viel zitierte Bewahrung der Schöpfung. 1. Mose 2,15 schreibt: „Gott, der Herr, brachte den Menschen in den Garten von Eden. Er gab ihm die Aufgabe, den Garten zu bearbeiten und ihn zu bewahren." In Psalm 24,1 steht: „Dem Herrn gehört die ganze Welt und alles, was auf ihr lebt." Man sieht: Wir sind aufgerufen, sorgsam mit Gottes Eigentum umzugehen.

Der Arzt, Moderator und Christ Eckart von Hirschhausen, antwortete in einem Deutschlandfunk-Interview auf die Frage, ob er lieber über Klimawandel, Klimakrise oder Klimakatastrophe sprechen möchte, charmant: „Ich finde diese Wörter sehr irreführend, denn wir müssen nicht das Klima retten, sondern uns." So heißt auch seine Stiftung passenderweise *Mensch, Erde!* Nicht Klimakatastrophe und Endzeitpanik, sondern Umweltschutz und Menschenschutz – hier wäre wohl der größte gemeinsame Nenner unter Christen zu finden.

Die großen Kirchen sind sehr klar positioniert zu diesem Thema. Die Evangelische Kirche in Deutschland (EKD) hat bereits 2009 eine Denkschrift zum Thema veröffentlicht. Titel: „Umkehr zum Leben. Nachhaltige Entwicklung im Zeichen des Klimawandels." Auch der Papst hat sechs Jahre später seine Umwelt-Enzyklika „Laudato si" veröffentlicht, mit einem Update 2023. Hier mahnt er, „dass wir nicht genügend reagieren, während die Welt, die uns umgibt, zerbröckelt und vielleicht vor einem tiefen Einschnitt steht".

Die Liste an kirchlichen Untergruppen und Aktionen (von *Klimapilgern* bis *Christians for Future*) ist lang.

Um ans andere Ende unserer Spektrumsreise zu gelangen: Ein Berliner Kirchenkreis unterstützt auch aktiv die Aktionen der *Letzten Generation*. Sie wissen schon, die Klima-Kleber. Vielen geht das zu weit, anderen noch nicht weit genug.

Vielleicht ist es aber gerade die *Letzte Generation*, die zeigt, warum viele Christen mit etwas weniger Hektik und Aufregung auf das Thema schauen: Sie sind nicht von Angst getrieben, sondern von der Liebe zu Gottes Schöpfung und dem Bewusstsein ihrer Verantwortung. Sie sehen den Umweltschutz als eine ihrer logischen Aufgaben. Aber sie sehen sich nicht in der finalen Schlacht ums Überleben. Nicht als die *Letzte Generation*.

Da hilft manchmal etwas Gottvertrauen: Wann und wie es mit der Welt zu Ende geht – das weiß eben Gott allein.

M

wie

Missionieren

Jetzt wirds wild! Schließlich denken bei dem Schlagwort „Missionierung“ Christen wie Nichtchristen zuerst an das Bestreben, andere Menschen zum Glauben an Jesus Christus zu führen. Aber diese christliche Mission ist hier nur eines von zwei Themen und ziemlich schnell abgehandelt:

Jesus gibt den Jüngern den sogenannten Missionsbefehl oder -auftrag (wörtlich: senden/schicken): „Deshalb geht hinaus in die ganze Welt und ruft alle Menschen dazu auf, meine Jünger zu werden!“ (Matthäus 28,19).

Daher ist es nicht abwegig, dass wir Christen diese Aufgabe ernst nehmen. Sie ist sogar oft Teil der Antwort auf die Frage: Wozu lebe ich eigentlich? Was genau ist mein Auftrag hier auf Erden? In seinem Bestseller *The purpose driven life* (deutsch: *Leben mit Vision*, mehr als 50 Mio. verkaufte Exemplare) nennt der US-Pastor Rick Warren fünf Fixsterne, nach denen sich das Leben eines Christen ausrichten sollte. Einer davon ist die Aufgabe, die Gute Nachricht weiterzugeben (die anderen vier sind: Anbetung, um Gott zu ehren. Gemeinschaft mit anderen Christen. Nachfolge, um Jesus ähnlicher zu werden. Dienst in Nächsten- und Gottesliebe).

„Mission“ ist also wichtig für Christen. Das bedeutet nicht automatisch, dass man als Missionar um die Welt reisen muss, sondern geschieht schon dann, wenn man auf die Frage „Warum wirkst du eigentlich so zufrieden?“ antwortet mit „Weil ich weiß, dass Gott mich liebhat und auf meiner Seite ist.“ Es geht ganz banal darum, auf Jesus hinzuweisen.

Leider hat das Wort Missionierung arg gelitten, und bei manchen Nichtchristen löst es spontanes Unbehagen aus. Es war eine beliebte Reaktion, als ich Freunden von meiner entbrannten Jesus-Liebe oder Erwachsenentaufe berichtete: „Alles cool. Glückwunsch. Hauptsache, du versuchst jetzt nicht, mich zu missionieren."

Mir kam das damals wie ein Missverständnis vor. Ich hatte das größte Geschenk aller Zeiten ausgepackt. Hatte entdeckt, dass Jesus mein Lebensretter ist und erlebbare Realität. Dass er mein Hier und Jetzt mit Sinn und Fröhlichkeit füllt und mir die Hoffnung auf ewigen Spaß gibt. Und: dass JEDEM dieses Glücksgefühl zugesagt ist. Davon sollte ich nicht erzählen? Mehr noch: Gerade bei meinen engen Freunden möchte ich doch sicher sein, dass sie mir im Jenseits nicht abhandenkommen oder – biblischer ausgedrückt – verloren gehen. Ich sah mein christliches Mitteilungsbedürfnis also nicht als Druck oder Generve, sondern als Einladung, dieses Megapräsent gemeinsam auszupacken.

Mit den Jahren merkte ich aber, dass der Begriff Missionierung nur dann negativ aufgeladen ist, wenn er ins Erzwungene interpretiert wird. Niemand wird gern in der Fußgängerzone angeschrien, dass er in die Hölle geht, wenn er nicht sofort stehenbleibt, seine Sünden bekennt und auf seinem bisherigen Lebensweg umkehrt.

Hier das richtige Maß zu halten und den richtigen Ton zu treffen, ist eine Herausforderung, die Christen oft nicht gut gemeistert haben. Es ist manchmal ein Spagat, den wir aushalten und üben müssen. Aber es besteht weitestgehend Einigkeit, dass der Vorschlaghammer nicht das adäquate

Missions-Werkzeug ist und sich nicht vereinbaren lässt mit dem freien Willen und der freien Entscheidung, die Gott jedem von uns aus Liebe lässt.

Nun kommt der gewagte gedankliche U-Turn: Christen haben für sich als Gewissheit angenommen, dass sie ihren Kompass kennen. Umso schmerzlicher wird es, wenn sie nun das Gefühl haben, dass sie in bestimmten Bereichen ihres Lebens „missioniert" werden sollen. Vielleicht nicht mit Zwang – aber doch mit dem Gefühl, dass das, was sie glauben, völlig daneben ist.

Sprung zur Eröffnungsfeier der Olympischen Spiele 2024 in Paris: In einer Szene räkeln sich Drag-Queens um eine queere DJane mit heiligenscheinartiger Krone an einer langen Tafel. Auf dem Tisch fläzt sich ein fast nackter, blau angemalter Mann, der den griechischen Gott Dionysos darstellen soll. Einem der Protagonisten baumelt am Bildrand auch noch der Hodensack aus der Hose. Es dauerte wenige Minuten, bis sich die User auf *X* hochgeschaukelt hatten – dann kam es zur Kernschmelze: Die Szene erinnerte in ihrer Komposition arg an das Gemälde *Das Letzte Abendmahl* von Leonardo da Vinci, in dem Jesus mit seinen Jüngern das Brot bricht, kurz bevor er zu seiner Verhaftung und schließlich zu seiner Kreuzigung geht. Es gab im Nachgang einige Widersprüche und den Hinweis, dass eigentlich ein anderes Gemälde interpretiert worden sei (*Das Fest der Götter* von Jan van Bijlerts), aber da war das Kind längst in den Brunnen gefallen. Zumal auch *Das Fest der Götter* angelehnt ist an das berühmte Abendmahl, und teilnehmende Künstler selbst auf Instagram auf die Verbindung zu Da Vincis Werk hingewiesen hatten.

Die Empörung war gigantisch. Donald Trump nannte es eine Schande, Elon Musk schrieb auf *X*: „Wenn es nicht mehr Mut gibt, für das einzustehen, was fair und richtig ist, wird das Christentum untergehen." Der Vatikan veröffentlichte einige Tage später ein Statement, dass er nicht anders könne, „als seine Stimme mit den anderen zu vereinen (...), um die Beleidigung zu beklagen, die zahlreichen Christen und Gläubigen anderer Religionen zugefügt wurde. Bei einer prestigeträchtigen Veranstaltung, bei der die ganze Welt um gemeinsame Werte zusammenkommt, sollte es keine Anspielungen geben, die die religiösen Überzeugungen vieler Menschen lächerlich machen."

Die Organisatoren entschuldigten sich bei denen, die sich verletzt fühlten und betonten, dass es nicht um Ausgrenzung, sondern um Inklusion gegangen sei.

Und genau hier liegt der Hase im Pfeffer: In Gesprächen mit anderen Christen hatte ich nicht das Gefühl, dass es das religiöse Feingefühl war, das hier tief verletzt worden war. Niemand hatte Sorge, dass Jesus sich von dieser Szene nicht erholen würde. Wir alle wissen, dass er ein sehr dickes Fell hat.

Was die Menschen auf die Palme brachte, war vielmehr das Gefühl: Mit uns kann man's ja machen! Wir sind die Deppen der Nation. Auf alle und jeden wird Rücksicht genommen, alles ist wichtig – nur für uns ist kein Platz mehr.

Nun soll man ja vorsichtig sein mit dem Wort „normal". Aber das, was jahrhundertelang als normal galt, ist nun beliebtes Ziel von Spott. Der „alte weiße Mann" ist nur ein Beispiel von vielen. Klar, dass eine Gemeinschaft mit 2 000 Jahre alter Tradition häufig Probleme damit hat.

Ein immer wieder formulierter Vorwurf an Aktivisten, die das eine oder andere Thema – sei es Trend oder gesellschaftliche Veränderung – vorantreiben, ist, dass sie mit „missionarischem Eifer" dabei seien. Deshalb ist dieses Kapitel so überschrieben.

Dabei ist es natürlich kein Entweder-oder. Nicht ENTWEDER Christ ODER Aktivist für Inklusion und Vielfalt. Jeder hat sein eigenes Richtig, inklusive vieler Überschneidungen und Zwischentöne. Die typische christliche Antwort auf jede Detailfrage gibt es eben nicht.

Auch deshalb reagieren Christen oft allergisch, wenn sie sich an den Rand gedrängt oder verspottet fühlen. Jesus hat gesagt: „Ich bitte dich nicht, sie aus der Welt zu nehmen, aber schütze sie vor der Macht des Bösen! (...) Wie du mich in die Welt gesandt hast, so sende ich sie in die Welt" (Johannes 17,15.18). Wir sind mittendrin, statt nur dabei. Wir wollen mittendrin sein – und nicht die alberne Randnotiz.

Ein weiterer Grund, warum Christen sich nicht bedingungslos jedem gesellschaftlichen Trend anschließen, ist die Wucht, mit der manche Themen daherkommen. Wie divers muss der Cast bei *Netflix*-Produktionen sein? Welche Gruppe muss wie abgebildet werden? Das sind Fragen, die die Lebensrealität vieler Menschen nicht unmittelbar berühren. Wenn ihr Wertegerüst dann auf einem 2000 Jahre alten Glauben steht, fällt es schwer zu verstehen, warum die eigenen Prioritäten plötzlich in der Gesellschaft kaum noch eine Rolle spielen sollen. Es besteht die Sorge, dass das, was uns Christen am Herzen liegt, ins Unhörbare übertönt wird. Manchmal auch, dass Aktivismus Vernunft schlägt.

Je höher die Geschwindigkeit einer Veränderung, desto eher tritt ein Christ auf die Bremse. Je mehr etwas als „alternativlos“ und „absolut richtig“ präsentiert wird, desto mehr werden Christen das hinterfragen. Für sie gilt die Maxime, die Jesus selbst ausgegeben hat: „Ich bin der Weg, ich bin die Wahrheit, und ich bin das Leben!“ (Johannes 14,6).

Um den Kreis zu schließen: „Missionarischer Eifer“ ist zu Recht negativ belegt. Egal, ob es um Religion geht oder um politische oder gesellschaftliche Weltanschauungen. Wer für etwas wirbt, wer für etwas einsteht, etwas vorlebt, der wird respektiert. Wer seinem Gegenüber etwas durch Drohung oder Ächtung aufzwingen will, stößt meist auf Ablehnung. Dabei ist es egal, ob es um traditionelle Ansichten geht oder um aktuelle Veränderungen. „Modern“ allein ist noch kein Gütesiegel.

Der methodistische Pastor Ralph W. Sockman hat gesagt: „Unsere Toleranz wird getestet, wenn wir in der Mehrheit sind. Unser Mut wird getestet, wenn wir in der Minderheit sind.“

2021 sank die Zahl der Kirchenmitglieder in Deutschland erstmals unter 50 Prozent, auf 49,7 Prozent. Es ist noch neu für Christen in Deutschland, in der Minderheit zu sein. Mut scheint mir ein besserer Ratgeber als Empörung.

P

wie

Politik

War Jesus politisch? Als er gekreuzigt wurde, hing über ihm ein Holzschild: „Jesus von Nazareth, König der Juden". Der Grund für seine Hinrichtung war also auf jeden Fall politisch. Ebenso die erste Verfolgung, als sich Herodes von einem Königskind bedroht fühlte. Klar ist aber auch, dass Jesus keinerlei politische Ämter in dieser Welt angestrebt hat. In Johannes 19,38 sagt er sehr deutlich: „Mein Königreich gehört nicht zu dieser Welt."

An anderer Stelle hatte ich schon den Moment erwähnt, als Jesus eine Linie zieht: „Dann gebt dem Kaiser, was ihm zusteht, und gebt Gott, was ihm gehört!" (Matthäus 22,21). Der Vers wurde und wird immer wieder zitiert, um die Trennung von Kirche und Staat, von weltlichem und göttlichem Reich zu unterstreichen.

Dann gibt es zum Thema Politik auch diesen Vers: „Jeder soll sich den Behörden und Amtsträgern des Staates unterordnen. Denn es gibt keine staatliche Macht, die nicht von Gott kommt; jede ist von Gott eingesetzt" (Römer 13,1). Somit scheint klar: Der wackere Christ hat sich nicht in die Politik einzumischen – oder gar gegen sie aufzulehnen. Aber so einfach ist das nicht.

In der ohnehin schweren Kost der Offenbarung taucht in Kapitel 13 plötzlich ein Tier auf, das Macht ausübt und angebetet werden will, eine mächtige Obrigkeit. Aber diejenigen, die zu Gott gehören, sollen diese Anbetung verweigern. Also doch nicht einfach die Obrigkeit akzeptieren?

An anderer Stelle sollen wir Christen uns zuerst für das Reich Gottes einsetzen und dass sein Wille geschieht (Matthäus 6,33). Das klingt danach, als sollten wir kräftig mitmischen und die christlichen Themen nach vorne bringen – auch in der Politik.

Und so haben unterschiedliche Christen seit jeher unterschiedliche Zugänge zur Politik.

Manche halten sich ganz raus und wollen mit dieser Welt möglichst wenig zu tun haben. Manche haben resigniert und sehen den Staat als etwas Böses an. Manche halten es für ihre Aufgabe, den Staat zu verchristlichen. Manche gehorchen und vertrauen darauf, dass „die da oben" von Gott eingesetzt sind.

Die meisten Christen bauen ihr Engagement aber gar nicht so sehr auf einem speziellen Vers auf, sondern auf dem Grundverständnis der Bibel, dass wir frei und bedingungslos von Gott geliebt sind – aber eben auch in der Verantwortung stehen, unsere Werte weiterzugeben, Liebe auszuschütten, gegen Ungerechtigkeiten zu kämpfen, den Schwachen beizustehen.

Ich wurde in der Freikirche *Berlin Projekt* getauft. Eines ihrer Leitmotive steht in Jeremia 29,7: „Bemüht euch um das Wohl der Stadt". Auch das klingt politisch.

Der Konsens scheint zu lauten: Politisches Engagement und Eintreten für christliche Werte: gern. Einen Machtanspruch ableiten oder die die Bibel als Staatsgesetz verstehen: bloß nicht! Die Trennung von Kirche und Staat ist ein hohes und lange erstrittenes Gut – und darüber hinaus eben auch biblisch.

Trotzdem ist vielen der Einfluss von Christen auf die Politik suspekt. Als besonders heikel wird das Verhältnis der Evangelikalen in den USA zu Donald Trump betrachtet: 2020 gaben rund 84 Prozent der weißen Evangelikalen Trump ihre Stimme. Wenn man weiß, wie kritisch zum Beispiel das Recht auf Abtreibung oder die Homo-Ehe in diesen Kreisen gesehen wird, sollte das gar nicht so sehr überraschen. In Deutschland ist das christliche Wahlverhalten übrigens ziemlich bunt. Nur einige Beispiele: Bei der Bundestagswahl 2021 wählten 35 Prozent der Katholiken und 24 Prozent der Protestanten CDU/CSU (Gesamtergebnis: 24,1 Prozent). Die Grünen bekamen 13 bzw. 15 Prozent (Gesamtergebnis: 14,8 Prozent), die AfD 8 bzw. 9 Prozent (Gesamtergebnis: 10,3 Prozent).

Dass christliche Werte in der Politik und christlicher Glaube nicht unbedingt deckungsgleich sein müssen, hatte schon 2019 der damalige CDU-Fraktionschef Ralph Brinkhaus deutlich gemacht. In einem Interview mit der christlichen Nachrichten-Agentur *idea* hatte er auf die Frage geantwortet, ob er sich im Jahr 2030 einen muslimischen CDU-Kanzler vorstellen könne: „Warum denn nicht?" Die Person müsse aber ein guter Politiker sein und „unsere Werte und politischen Ansichten" vertreten. Die CDU sei schließlich keine Religionsgemeinschaft.

Mich haute das damals von den Socken. Deshalb kommentierte ich für *BILD*: „Das C steht für ‚Christlich'. Die CDU heißt nicht ‚Gute Politiker Partei' oder ‚Werte- und Ansichts-Partei', sondern ‚Christlich Demokratische Union'. ‚Christlich' ist nicht nur ein moralischer Wert, sondern auch ein

Glaube – und zwar an Jesus CHRISTus. Das mag nicht hip klingen, ist aber so. Und jeder Muslim würde wohl zustimmen: Zwar gilt Jesus im Islam als Prophet. Aber den Glauben an ihn als Retter und Gottes Sohn – den Kern des Christentums – teilen Muslime nicht. Natürlich muss deshalb nicht jedes CDU-Mitglied Christ sein. Selbst in christlichen Gottesdiensten sind Muslime, Atheisten – alle – in der Regel willkommen. Aber nicht nur beim Pfarrer setze ich voraus, dass er hinter dem steht, was er da predigt – auch ein Chef der Christdemokraten sollte zum Christentum (und selbstverständlich zur Demokratie) stehen."

War ich da auch plötzlich als Christ politisch geworden? Und wenn schon ...

Wir Christen dürfen auch im politischen Umfeld laut unseren Glauben bekennen und für die in unseren Augen richtigen Sachen kämpfen. Oft hört man dann zwar „Glauben ist Privatsache". Dabei wird aber übersehen, dass dies eigentlich ein Satz ist, der die Gläubigen schützen soll. Er sagt aus, dass jeder ganz privat und persönlich entscheiden darf, was er glaubt. Er wurde nicht erdacht, um den Glauben gänzlich aus der Öffentlichkeit zu verbannen – auch wenn er heute oft genau dafür benutzt wird.

Christen können nicht wegsehen oder schweigen, wenn Unrecht geschieht. Der Name Dietrich Bonhoeffer ist meiner Meinung nach zu groß und seine Entwicklung zu vielschichtig, um ihm auch nur ansatzweise mit einigen Zeilen gerecht zu werden. Doch in seinem Aufsatz „Die Kirche vor der Judenfrage" (1933) ging er auf eben diesen Punkt ein: Welche Aufgabe hat die Kirche in ihrer Beurteilung staatlichen Handelns? Seine Antwort damals: „Zweifellos ist die reformatorische Kirche nicht dazu angehalten, dem Staat in sein spezifisch politisches Handeln direkt hineinzureden. (...) Aber das bedeutet nicht, daß sie teilnahmslos das politische Handeln an sich vorüberziehen lässt; sondern sie kann und soll, gerade weil sie nicht im einzelnen Fall moralisiert, den Staat immer wieder danach fragen, ob sein Handeln von ihm als legitim staatliches Handeln verantwortet werden könne, das heißt als Handeln, in dem Recht und Ordnung, nicht Rechtlosigkeit und Unordnung geschaffen werden". Später dann beschreibt er die Optionen: „Das bedeutet eine dreifache Möglichkeit kirchlichen Handelns dem Staat gegenüber: erstens (wie gesagt) die an den Staat gerichtete Frage nach dem legitim staatlichen Charakter seines Handelns, d. h. die Verantwortlichmachung des Staates. Zweitens der Dienst an den Opfern des Staatshandelns. Die Kirche ist den Opfern jeder Gesellschaftsordnung in unbedingter Weise verpflichtet, auch wenn sie nicht der christlichen Gemeinde zugehören. ‚Tut Gutes an jedermann.' (...) Die dritte Möglichkeit besteht darin, nicht nur die Opfer unter dem Rad zu verbinden, sondern dem Rad selbst in die Speichen zu fallen. Solches Handeln wäre unmittelbar politisches Handeln der Kirche und ist nur dann möglich und gefordert, wenn die Kirche den Staat in seiner Recht und Ordnung schaffenden Funktion versagen sieht."

Bonhoeffer ging in den Widerstand – und wurde dafür hingerichtet. Über dem West-Portal der Westminster Abbey in London steht heute seine Statue als einer von zehn Märtyrern des 20. Jahrhunderts.

S

wie

Sex

Kennen Sie Onan? Lassen Sie uns kurz seine Geschichte lesen: „Da ging Juda zu seinem Sohn Onan. ‚Du musst Tamar heiraten!‘, forderte er ihn auf. ‚Das ist deine Pflicht als ihr Schwager, damit sie nicht kinderlos bleibt und die Familie deines Bruders nicht ausstirbt!‘

Aber Onan wollte keinen Sohn zeugen, der nicht als sein eigener Nachkomme, sondern als der seines Bruders gelten würde. Darum ließ er jedes Mal, wenn er mit Tamar schlief, seinen Samen zu Boden fließen“ (1. Mose 38,8-9).

Kurz danach starb der arme Onan – und wurde somit zum Namensgeber fürs Onanieren. Und damit willkommen beim Thema Sex. Auch, wenn wir erst mal bei der einsamsten Variante starten.

Als Synonym zur Onanie spricht man von Masturbieren, was übersetzt so viel bedeutet wie „Mit der Hand schänden“. Selbstbefriedigung hatte nie einen besonders guten Ruf.

Die Kirche hat zwar ein eher biederes Image, wenn es um Sex geht. Doch Onanie stand dabei trotz biblischer Wortherkunft selten im Fokus, Selbstbefriedigung wird nirgends erwähnt (das, was Onan da veranstaltet, würde wohl kaum jemand Masturbation nennen). Wenn es Kritik gibt, dann geht es meist um Suchtverhalten und Kontrollverlust. Wer also zwanghaft ständig selbst Hand anlegen muss, der könnte aus christlicher (und vermutlich auch psychologischer) Sicht ein Problem haben. Laut 1. Korinther 6,9 sollen wir uns nicht von unseren Begierden treiben lassen.

Kniffliger wird es, wenn Selbstbefriedigung mit Pornokonsum einhergeht. Da haben sich die Kirchen recht eindeutig positioniert. Allerdings weniger, weil sie den Spaß an Erotikdarstellungen verbieten wollen, sondern weil es ihnen um ethische Einordnungen und um Menschwürde geht. Ihre Kritik zielt in die Richtung, dass Menschen bei einer Pornoproduktion entwürdigt werden und dass sich Zuschauer selbst die Würde nehmen könnten.

Uta Schmidt, Professorin für Feministische Theologie, formulierte es in einem Interview mit dem *Sonntagsblatt* so: „Zusammenfassend ergibt sich für mich ein dreifacher Aspekt: Erstens die Betonung der Würde des Menschen, eine biblische Grundlage. Dann die Anerkennung der Tiefe, Macht und Vielfältigkeit von Liebe und Begehren. Und schließlich die Erkenntnis, dass Menschen viele Dinge tun können, aber nicht alles unbedingt gut für sie ist." Das klingt differenziert. Papst Johannes Paul II war da 1992 noch etwas direkter: „Pornografie ist unmoralisch und im Kern asozial (...). Es liegt in der Natur der Pornografie, dass sie die wahre Bedeutung der menschlichen Sexualität als ein gottgegebenes Geschenk verneint."

In der weltweit größten Bibel-App *YouVersion* gibt es Bibel-Lesepläne, die dabei helfen sollen, von der Pornosucht loszukommen. Das Übel wird dort so beschrieben: „Anstatt Menschen als Menschen nach dem Bilde Gottes anzusehen, die voller Würde, Wert und Bestimmung sind, trainiert uns die Begierde, sie als nichts weiter als ein Objekt zur eigenen Befriedigung zu sehen – weniger als ein Mensch. Das ist der Inbegriff von Entmenschlichung."

Ja, Porno ist ein Thema unter Christen. Aber mehr noch eine ethische Debatte. Anders sieht es aus, wenn es um den Sex vor der Ehe geht. Ein lieber Bekannter von mir, Thomas Enns, hat es mit dem Thema sogar mal bis zur *BILD*-Schlagzeile gebracht. Er stand im Finale von *Deutschland sucht den Superstar*, seine Verlobte Florence Joy hatte *Star Search* auf *Sat1* gewonnen. Und nun erzählte Thomas, ein frommer Christ, frei heraus, dass er noch nie Sex gehabt hatte und sich das bis zur Ehe aufheben wolle. Schon stand er auf Seite 1, so außergewöhnlich schien das.

Tatsächlich ist der Gedanke, keinen Sex vor der Ehe zu haben, gerade in evangelikalen Kirchen noch weit verbreitet. Dabei ist es eine ziemlich weite Auslegung, denn Sex vor der Ehe wird nirgends explizit erwähnt. Es hat sich aber durchgesetzt, dass „vor der Ehe" gleichzusetzen ist mit „außerhalb der Ehe" und damit mit „Unzucht", die wiederum häufig als Sünde genannt wird.

Eine weitere Argumentation lautet: Jesus selbst hat das zwischen den Zeilen klargestellt. Und zwar, als er sagte: „Habt ihr denn nicht gelesen, was in der Heiligen Schrift steht? Da heißt es doch, dass Gott am Anfang die Menschen als Mann und Frau schuf und sagte: ‚Ein Mann verlässt seine Eltern und verbindet sich so eng mit seiner Frau, dass die beiden eins sind mit Leib und Seele'" (Matthäus 19,4-6). Jesus sagt das, als die Pharisäer ihn mal wieder mit einer gewieften Frage zu Ehe und Scheidung in die Falle locken wollten. Einige Christen erkennen darin, dass Jesus hier eben von der Ehe spricht, und dass dies der Ort ist, an dem Mann und Frau „eins sind mit Leib und Seele" oder – wie es in anderen

Übersetzungen heißt „ein Fleisch werden", was wiederum für die sexuelle Vereinigung sprechen könnte. Kurzum: Sex gehört in die Ehe – und nirgends anders hin.

Eins ist Sex in der Bibel jedenfalls nicht: ein Tabuthema. Prostituierte werden zu Heldinnen, Verführung wird eingesetzt, um zum Ziel zu gelangen (wie von Tamar). Viel wichtiger aber: Erotik unter dem Dach der Liebe wird als etwas Wunderschönes in der Bibel gefeiert. Gönnen wir uns also eine Pause von den Kontroversen und verschiedenen Perspektiven zu strittigen Themen – und widmen uns kurz der biblischen Erotik und Liebe zwischen Menschen.

Einige Verse aus dem Hohelied Salomos:

„Wie schön du bist, meine Freundin, schön wie eine Stute vor dem Prachtwagen des Pharaos!" (1,9)

„Mein Geliebter ruht an meiner Brust wie ein Säckchen gefüllt mit Myrrhe." (1, 13)

„Nur mir gehört mein Liebster, und ich gehöre ihm. Er allein darf zwischen den Lilien weiden." (2, 16)

„Wie Honig schmecken deine Lippen, meine Braut, ja, süße Honigmilch hält deine Zunge für mich bereit!" (4,11)

„Meine Prinzessin, wie schön sind deine Füße in den Sandalen! Die Rundungen deiner Hüften sind wie ein Halsgeschmeide, ein Werk aus Künstlerhand. Dein Schoß gleicht einem runden Kelch, der stets mit edlem Wein gefüllt ist. Dein Bauch ist golden wie Weizen, von Lilien umkränzt. Deine Brüste sind wie junge Zwillinge einer Gazelle." (7, 2-4)

„Wen die Liebe erfasst hat, der kennt ihr Feuer: Sie ist eine Flamme des Herrn!" (8, 6)

Amen.

S

wie

Spiritualität

In unserem Wohnzimmer hängt ein 1x1 Meter großes Fotoportrait einer sehr, sehr alten Frau, die hinter vorgehaltener Hand unfassbar fröhlich zu schmunzeln scheint. Ich habe das Bild meiner Frau Sophie geschenkt, nachdem sie es in einer Ausstellung gesehen hatte und begeistert war.

Das Besondere an der Ausstellung war: Es gab einen Leitfaden, wie man diese Bilder betrachten sollte. Man sollte sich mehrere Minuten lang stumm davorstellen und die Gesichter der Menschen auf den Fotos einfach auf sich wirken lassen. Nicht auf Details achten, eher durch die Motive hindurchschauen. All diese Menschen waren aufgenommen worden im Moment einer spirituellen Ekstase. Von diesem hochgeistlichen Moment sollten auch die Zuschauer durch das Betrachten gepackt werden.

Der Künstler und Fotograf lud im Anschluss noch zu einem Vortrag ein, der pickepackevoll war. Lauter junge, hippe Berliner, denen es offenbar überhaupt nicht komisch vorkam, ihren ganzen Abend einer fernöstlichen spirituellen Verzückung zu widmen. Auch in der Künstlerrede ging es dann um übernatürliche Erfahrung, um geistliche Verbindungen, um intensive Erlebnisse in Meditationen, denen er selbst auf jahrelangen Reisen durch Asien auf die Spur gekommen war. Alle nickten zustimmend. Niemandem kam das offensichtlich ausgefallen oder gar befremdlich vor.

Wenn es um geistliche, persönliche Erfahrungen geht, gibt es einen breiten Wortschatz und viele Spezial-Ausprägungen.

Die vermische ich jetzt fröhlich. Spiritualität, christliche Mystik, hinduistische Ekstase. Auch gibt es wesentliche Unterschiede zwischen christlichen und fernöstlichen Meditationen (in Fernost leert man den Geist, bei christlicher Meditation will man sich eher geistlich volltanken). Worum es hier gehen soll, ist das direkte Erlebnis von Übernatürlichkeit. Um alles, auf das ein sehr rationaler Mensch von außen blicken und denken könnte: Hui, was ist denn mit dem los? Hat der sie noch alle? Das kann doch gar nicht sein.

Das ist tatsächlich ein großes Thema. Denn während wir bewundernd auf die Superkräfte tibetanischer Mönche schauen oder Bücher zu Bestsellern machen, die von den Mächten der Seele im Einklang mit dem Universum erzählen, hat das Christentum in dieser Beziehung eher ein steifes Image.

Zu Unrecht. Denn nun kommt die frohe Kunde für Christen: Zwar schafft es kaum eine traditionelle Kirche, so viele Menschen zum Gottesdienst zu locken wie dieser Künstler-Abend in einer stillgelegten Berliner Fabrik. Aber in Sachen Spiritualität und Mystik hat unser Glaube eine Menge zu bieten.

Grundsätzlich gilt: Wir Christen glauben an die Dreifaltigkeit. An den Vater, den Sohn und den Heiligen Geist. Und der Heilige Geist, der Spiritus Sanctus, mit dem die meisten am wenigsten anfangen können, ist ein echter Knaller.

Jesus kündigte ihn bereits mit großen Worten an: „Doch ich sage euch die Wahrheit: Es ist besser für euch, wenn ich gehe. Sonst käme der Helfer nicht, der an meiner Stelle für euch da sein wird. Wenn ich nicht mehr bei euch bin, werde ich ihn zu euch senden“ (Johannes 16,7). Er beschrieb auch ziemlich gut die Superkräfte, die uns da erwarteten: „Der Heilige Geist, den euch der Vater an meiner Stelle als Helfer senden wird, er wird euch alles erklären und euch an das erinnern, was ich gesagt habe. Aber ihr werdet den Heiligen Geist empfangen und durch seine Kraft meine Zeugen sein in Jerusalem und ganz Judäa, in Samarien und überall auf der Erde“ (Johannes 14,26).

In späteren Briefen geht es dann richtig zur Sache: Den Gläubigen werden Gaben in Aussicht gestellt – vom prophetischen Reden bis hin zum Wirken von Wundern. „Es gibt verschiedene Wirkungen des Geistes Gottes; aber in jedem Fall ist es Gott selbst, der alles bewirkt. Wie auch immer sich der Heilige Geist bei jedem Einzelnen von euch zeigt, seine Gaben sollen der ganzen Gemeinde nützen“ (1. Korinther 12,6-7).

Im Epheserbrief wird der Heilige Geist sogar als der bessere Rausch dargestellt: „Betrinkt euch nicht; das führt nur zu einem ausschweifenden Leben. Lasst euch vielmehr von Gottes Geist erfüllen“ (Epheser 5,18).

Und in Galater 5,22 dann die Königsdisziplinen: „Dagegen bringt der Geist Gottes in unserem Leben nur Gutes hervor: Liebe, Freude und Frieden; Geduld, Freundlichkeit und Güte; Treue, Nachsicht und Selbstbeherrschung.“

Ich denke manchmal, dass wir den Heiligen Geist unterschätzen. Ein Großteil der Menschen glaubt daran, dass es mehr gibt zwischen Himmel und Erde, als wir uns vorstellen können. Zwei Milliarden Christen glauben an einen auferstandenen Jesus. Wir haben also wenig Probleme damit,

Übernatürliches zu akzeptieren und schämen uns nicht, wenn wir das Vaterunser laut beten und damit Gott offiziell bezeugen. Meditationen und spirituelle Erfahrungen haben Hochkonjunktur, gerade dann, wenn sie nichts mit dem christlichen Glauben zu tun haben.

Ich schreibe so begeistert davon, weil genau das eines der Riesengeschenke im Glauben ist: Wir haben einen lebendigen Gott. Ich kann im Gebet zu ihm sprechen. Aber ich kann auch hinhören. Ich habe den Heiligen Geist, der mir Superkräfte (siehe oben) gibt, die ich entdecken und entwickeln kann. Mehr und mehr Christen schwören auf eine „Stille Zeit". Das heißt, sie ziehen sich zurück und verbringen Zeit mit Gott. Mal meditierend, mal betend, mal in der Bibel lesend. Mal alles zusammen. Aber das sind die Momente, in denen viele wunderbare spirituelle Momente erleben.

Pfingstgemeinden leben ihre „Geistlichkeit" ziemlich extrovertiert aus. Ich durfte bei einer dieser Veranstaltungen einen Vortrag halten. Vorher trafen wir uns zum Gebet. Man stellte sich im Kreis auf, ich schloss die Augen – und plötzlich hörte ich ganz viele Menschen um mich herum flüstern, Hände legten sich auf meine Schultern. Ich verstand kein Wort von dem Gemurmel. Später lernte ich, dass das „Zungenrede" war, die ebenfalls in der Liste der Gaben des Heiligen Geistes aufgelistet ist. Fand ich schräg – aber schön.

Uns ist da im Laufe der Geschichte viel verloren gegangen. Christliche Mystik, bei der man sich bewusst in die Gegenwart Gottes begibt, war mal ein ganz großes Ding und gilt wohl als ein Teilbereich der Spiritualität.

Einige einflussreiche Theologen wie Adolf von Harnack und Karl Barth sahen in ihr aber keinen wesentlichen Bestandteil des Christentums und eher eine Importware der Griechen.

Auch, weil das alles so schwer zu erklären ist und oft etwas weltfremd rüberkommt, gönnen wir uns zwar noch gemeinsame geistliche Rituale wie Gebete, doch die persönliche geistliche Erfahrung gehört nicht mehr zum kirchlichen Standardrepertoire.

Das Schöne ist: Sie lässt sich ganz leicht selbst entdecken. Anleitungen und Ansprechpartner in Gemeinden finden sich schnell online. Es gibt Apps mit geführten christlichen Meditationen (z. B. *Abide*) – und auch, wenn manche Kirchen zu viel Geistlichkeit kritisch sehen und zu Recht vor Übertreibung warnen: Man befindet sich in honoriger Gesellschaft.

Als der Heilige Geist die Jünger erfüllte (Sie wissen schon: Pfingsten), ging derart die Post ab, dass Petrus den kritischen Beobachtern zurufen musste: „Diese Männer sind nicht betrunken, wie einige von euch meinen. Es ist ja erst neun Uhr morgens!" (Apostelgeschichte 2,15).

W

wie

Wissenschaft

„‚Glaube‘ heißt Nicht-wissen-Wollen, was wahr ist“, hat der Philosoph Friedrich Nietzsche gesagt. Und tatsächlich gibt es das Vorurteil, dass es auf der einen Seite das Streben nach mehr Wissen gibt, die Forschung, die Wissenschaft – und auf der anderen Seite die verträumten Christen, die sich an ihrer Bibel festhalten und fast ängstlich auf die Forschung blicken, in Sorge, dass etwas entdeckt werden könnte, was ihr Bild einer göttlichen Schöpfung erschüttern würde.

Vermutlich stimmt es, dass es unter den zwei Milliarden Christen auch einige gibt, die sich wissenschaftlichen Erkenntnissen völlig verschließen. Ich habe aber noch keinen solchen Gläubigen getroffen.

Im Gegenteil: Als ich vor 14 Jahren anfing, mich intensiv mit dem Glauben zu beschäftigen, war ich überrascht, wie viele kluge Wissenschaftlicher tiefgläubig sind. Und dass Glaube und Wissenschaft sich überhaupt nicht ausschließen.

Isaac Newton (der mit der Schwerkraft) war gläubig. Der Physiker Michael Faraday (faradayscher Käfig) war tiefreligiös. Die Liste ist lang. Und endet nicht in der Vergangenheit. Der *NASA*-Chef Bill Nelson zitiert immer wieder Bibelverse, John B. Goodenough war Christ und bekam 2019 den Chemie-Nobelpreis, Francis Collins leitete nicht nur das Humangenomprojekt, sondern sagt von sich selbst: „Ich bin Wissenschaftler und gläubiger Christ. Und ich sehe keinen Widerspruch in diesen beiden Weltanschauungen.“

Kein Widerspruch. So sehen es die meisten Christen auch. Ohnehin hat Theologie überhaupt nicht den Anspruch, mit Naturwissenschaften zu konkurrieren. Die einen (Naturwissenschaften wie Physik oder Biologie) wollen physische Gesetze und Prinzipien entdecken und beschreiben und haben dazu einen riesigen Werkzeugkasten an Methoden. Die anderen (Geisteswissenschaften wie Theologie oder Philosophie) wollen interpretieren und analysieren. Bedeutungen verstehen, Werte, Ethik. Natürlich lässt sich Liebe einigermaßen naturwissenschaftlich und biochemisch beschreiben als ein komplexes Zusammenspiel von Hormonen und Neurotransmittern wie Oxytocin, Dopamin und Serotonin. Aber das wäre wohl nicht die erwartete Antwort auf die Frage: Was ist Liebe? Hier kommen dann andere Wissenschaften ins Spiel. Also kein Wetteifern, sondern eine gegenseitige Ergänzung.

Trotzdem wird Christen eine gewisse Wissenschafts-Skepsis unterstellt. Und Christen wiederum werden argwöhnisch, wenn die Wissenschaft zu einer neuen Religion erklärt wird.

„Follow the Science", fordern die Klimaschützer von *Fridays for Future*. Das klingt abgeklärt und logisch. Dabei werden aber gern zwei Punkte übersehen: Zum einen, dass die Wissenschaft sich in diversen Punkten überhaupt nicht einig ist und ihr Reiz und ihr Schwung gerade daher kommt, dass wir viele Antworten noch gar nicht kennen. Und: Fast alle aktuellen Probleme, zu denen man bedingungslos „der Wissenschaft" folgen könnte, fordern mehrere Perspektiven – und oft nicht allein wissenschaftliche, zumindest nicht nur aus einer der vielen Disziplinen.

Besonders sichtbar wurde dieses Dilemma während Corona. Virologen, die eigentlich nur zu ihrem Spezialbereich Ratschläge geben sollten, wurden plötzlich in Entscheidungen hineingeworfen, die auch die Wirtschaft, die Gesellschaft, das menschliche Miteinander ganz massiv betrafen. Heikler noch: Das Thema war längst nicht ausgeforscht. Es gab Mehrheitsmeinungen in der Forschung, aber oft auch laute Gegenstimmen. Waren sich Forscher also in ihren Kernbereichen schon nicht einig, sollten sie nun auch noch weitreichende Empfehlungen weit über ihr Kompetenzgebiet hinaus geben.

Tatsächlich gab es daran auch aus christlichen Kreisen harte Kritik. Und einige Christen wiederum nahmen es den Kirchen übel, dass sie ihre Stimme nicht lauter gegen die vermeintliche Vormachtstellung der Virologen erhoben. Das haben wir uns ja schon unter „C wie Corona" angeschaut.

Ein Knackpunkt in der Beziehung zwischen Glaube und Wissenschaft war wohl Darwins Evolutionstheorie. Die katholische Kirche hat damals etwa 100 Jahre gebraucht, um sie anzuerkennen. Einige fundamentalistische Kreise lehnen sie bis heute ab, weil sie im Widerspruch zur wörtlichen Auslegung der Schöpfungsgeschichte steht. Diese buchstäbliche Auslegung wiederum hat die evangelische Kirche als „Irrweg" gebrandmarkt. Wie so oft: buntes Christentum.

Die EKD verweist in dieser Frage in einer „Orientierungshilfe" von 2008 übrigens auf Martin Luther (der keine Evolutionstheorie kannte): „Man kann – so verdeutlichte Luther – von Universität zu Universität ziehen und sich alle Weisheit über das Werk der Schöpfung aneignen. Den Glauben, der im

Schöpfercredo enthalten ist, findet man dadurch nicht. Ich selber muss mich als Geschöpf Gottes glauben, das alles von ihm empfängt und ihm danken kann."

Die Naturwissenschaften stellen die Wie-Fragen: Wie ist etwas entstanden? Wie funktioniert es? Der Glaube stellt die Warum-Fragen: Warum existiert etwas? Was ist der Sinn dahinter? Der Atomphysiker und Nobelpreisträger Werner Heisenberg sagte einmal: „Der erste Trunk aus dem Becher der Naturwissenschaft macht atheistisch, aber auf dem Grund des Bechers wartet Gott". Prost!

W

wie

Wokeness

Axel Springer hat 1967 Grundwerte für seinen Verlag formuliert, die jeder Journalist, der hier arbeitet, unterschreibt. Wer ihnen nicht zustimmen kann, sollte nicht für Axel Springer arbeiten.

Es sind fünf Punkte. Von Punkt 1 („Wir treten ein für Freiheit, Rechtsstaat, Demokratie und ein vereinigtes Europa.“) bis Punkt 5 („Wir lehnen politischen und religiösen Extremismus und jede Art von Rassismus und sexueller Diskriminierung ab.“) trage ich jeden aus vollem Herzen mit und habe gern unterschrieben. Ein weiterer Grundwert (Punkt 3) lautet: „Wir unterstützen das jüdische Volk und das Existenzrecht des Staates Israel.“ Ja, selbstverständlich! Und ebenso selbstverständlich begreifen wir Israels Sicherheit als deutsche Staatsräson. Dachte ich.

Mich hat daher völlig unvorbereitet getroffen, was dann nach dem Terrorangriff der Hamas auf Israel am 7. Oktober 2023 passierte. 1 200 Tote auf israelischer Seite, mitunter bestialisch gefoltert, vergewaltigt, ermordet. Mehr als 200 Geiseln verschleppt. Schock und Trauer waren sichtbar – doch sie wichen unfassbar schnell den Warnungen, Israel dürfe nun nicht überreagieren. Immer häufiger tauchte auf *TikTok* die krude These auf, das Massaker sei ja eigentlich ein „Akt des Widerstandes“ gewesen. In Berlin wurden Palästinafahnen geschwenkt, auf der Sonnenallee gingen zig Läden in Streik, um sich mit den Hamas-Terroristen zu solidarisieren. Auf vielen Demos klang der Ruf: „From the River to the Sea, Palestine will be free" – was gleichzeitig bedeuten würde, Israel gäbe es auf dieser Karte nicht mehr.

Vollends sprachlos wurde ich, als ich die Bilder aus den USA sah: Unis wurden besetzt, um gegen Israels militärische Reaktionen zu demonstrieren. Israelische Fahnen wurden heruntergerissen. Boykottaufrufe wurden wieder lauter. Beim Eurovision Song Contest musste sich die israelische Kandidatin in einem geheimen Hotel verstecken unter ständiger Bewachung eines Bodyguards.

Ich denke, dass ich ganz gut Bescheid weiß in der Geschichte dieser Region. Auch ist mir die Kritik an Israel vertraut, und die erwähnten Springer-Essentials halten uns nicht davon ab, politische Entscheidungen zu hinterfragen. Trotzdem – oder gerade deshalb – hat mich diese Entwicklung, diese Wut-Welle gegen Israel, völlig überrumpelt. Ich kapiere es bis heute nicht. Die Pro-Israel-Demonstrantin und FDP-Politikerin Karoline Preisler fasste gut in einem *BILD*-Interview zusammen, wie auch ich auf den Krieg in Gaza als Folge des Hamas-Überfalls blicke: „Wir sind uns einig, dass das Sterben in Gaza aufhören muss. Nur der Adressat dieser Forderung unterscheidet uns. Die Hamas muss die Waffen niederlegen, die Geiseln zurückgeben, dem Terror abschwören – dann kann Israel aufhören, für die Befreiung seiner Landsleute zu kämpfen."

Doch offenbar denkt ein erheblicher Teil der Menschen anders. In ihren Augen sind die Israelis Täter. Mein Kopf kam da kaum noch mit. Hatte ich doch vier Jahrzehnte lang gelernt, dass die antisemitische Gefahr von ganz weit rechts kommt. Dass wir uns den Neonazis mit entschlossenem

„Nie wieder" entgegenstellen. Doch plötzlich wurden in Deutschland wieder Juden bedrängt, beleidigt und belästigt – von einem ganz anderen Milieu als dem klassischen Neonazi.

Auch Linke skandierten gegen Israel, die einzige echte Demokratie in der Region, und machten sich stark für eine islamistische Terrororganisation, unter deren Fuchtel Homosexuelle um ihr Leben fürchten müssen und die barbarisch Israel überfallen hatte. Nachvollziehbar erschien mir das alles nicht. Immerhin: Mit meiner kompletten Überforderung stand ich nicht allein da. Offenbar hatte sich etwas verschoben, ohne dass es alle mitbekommen hatten. Mit geschichtlichem Unwissen oder bewusster, totaler Ignoranz allein ließ sich das alles nicht erklären.

Als Christen haben wir in dieser Situation mindestens zwei Themen, mit denen wir uns beschäftigen müssen: Zum einen unser Verhältnis zu Israel, zu den Juden. Hier könnte man entweder ganze Bücher füllen (und sie wurden schon gefüllt) über die gemeinsamen Wurzeln, aber auch über das Versagen der Christen – besonders während des Naziregimes mit seinen willfährigen, antisemitischen *Deutschen Christen*. Oder man könnte es ganz knapp zusammenfassen, was ich hier versuchen will: Jesus war Jude. Seine Jünger waren Juden. Das Neue Testament ist die Erfüllung der Prophezeiungen des Alten Testaments, also auch der jüdischen Thora. Das Neue Testament wendet sich nicht von den Juden ab, sondern auch zum Rest der Welt hin.

Wenn also ein Christ meint, auf Juden herabblicken zu können oder sie aufgrund ihres Glaubens von irgendetwas ausschließen zu dürfen, hat er etwas in der Bibel falsch verstanden. Antisemitismus hat keinen Platz im christlichen Glauben.

Das zweite Thema, das uns umtreiben sollte, ist die Wokeness-Ideologie. Vor diesem 7. Oktober 2023 kannte ich „woke" vor allem als spöttischen Begriff. Hat mich nicht weiter gekümmert. Den Begriff „woke" gibt es übrigens seit fast 100 Jahren. Afroamerikaner prägten ihn, um auf soziale Ungerechtigkeit aufmerksam zu machen. Die *Black Lives Matter*-Bewegung brachte ihn dann so richtig in den Mainstream. „Woke" heißt „wachsam" – und meint Wachsamkeit und waches Bewusstsein gegenüber sozialen Ungerechtigkeiten und Diskriminierungen wie Rassismus und Sexismus. Ein gutes, edles Ansinnen. Hier und da trieb die Bewegung etwas krude Blüten – was dann knapp mit „Woke-Wahn" kommentiert wurde. Zu all dem kann man stehen, wie man mag, und es wäre unangemessen, die Erkenntnisse und Theorien ausgiebiger Forschung – wie Gender Studies, Critical Race Theory, Postcolonial Studies – hier mit dem Phänomen Wokeness zu umhüllen und in einem Happen abzufrühstücken.

Problematisch wird es allerdings, wenn aus einer gut gemeinten Bewegung eine Ideologie wird, die besagt, dass Minderheiten immer Opfer sind, ganz egal, wie die individuellen Umstände sind und sich die reale Situation darstellt. In diesem Narrativ muss in unserem Beispiel Israel der Täter sein und man muss sich an die Seite Palästinas stellen. Hier die Unterdrücker, da die Unterdrückten. Israel mit seiner Siedlungspolitik steht in dieser Lesart ganz klar auf der Täterseite. Dass das nur mit einer gehörigen Portion Geschichtsvergessenheit funktioniert, scheint klar. Der jüdische David L. Bernstein hat dazu 2022 ein Buch veröffentlicht[6], in dem er berichtet: Schon fünf Jahre zuvor waren bei einer Demo lesbischer Frauen in Chicago Regenbogenfahnen mit Davidstern verbannt worden. Begründung: Der Dyke-Marsch sei pro-palästinensisch und anti-zionistisch. Palästinaflaggen waren erlaubt.

Dieser Erzählform folgend kann es übrigens auch keinen Rassismus gegen Weiße in Europa geben, da sie keine unterdrückte Minderheit sind. Wer so denkt – und es sind viele, wie die Proteste an den US-Elite-Unis gegen Israel zeigten – hat die Welt in Gruppen eingeteilt. In Täter und Opfer, ohne auf jeden einzeln zu schauen. Nur Gruppen, die Unterdrückung erlebt haben, könnten das demnach für den Rest der Welt definieren.

Noch mal: Diese Bewegung kommt mit so einer Wucht, so einer langen Geschichte und in so vielen Unterdisziplinen und Ausprägungen daher, dass ich mich nicht berufen fühle, dieses Thema meistern zu können. Deshalb fokussiere ich mich auf die christliche Perspektive auf diesen extremen, ideologischen Trend. Denn a) ist er real. Und b) sollten zwar alle Christen wachsam gegenüber Ungerechtigkeit sein (das ist enorm biblisch). Aber in dieser radikalen Form ist Wokeness schwer in Einklang zu bringen mit dem christlichen Menschenbild.

Der Erzbischof der größten Diozöse der USA, José Gomez, erklärte 2021: „Für die Kirche ist es wichtig, diese neuen Bewegungen zu verstehen und sich mit ihnen auseinanderzusetzen." – und nannte sie einen „gefährlichen Ersatz für wahre Religion". Eine Gefahr, die immer wieder genannt wird: das krasse Schubladendenken. Dass durch Geschlecht oder Hautfarbe bestimmt wird, wer Täter und Opfer ist, nicht durch persönliches Handeln. Dass Herkunft entscheidet, wer was tun oder sagen darf.

Christen glauben an persönliche Verantwortung, an den Wert und die Freiheit jedes einzelnen Individuums. Es geht um Sünde, nicht um Zugehörigkeit zu einer Minder- oder Mehrheit. Eben nicht um pauschale Kategorien. Und somit hat auch jeder selbst die Chance, gut zu handeln und die Freiheit, falsche Entscheidungen zu treffen.

„Für die Menschen ist wichtig, was sie mit den Augen wahrnehmen können; ich dagegen schaue jedem Menschen ins Herz", steht in 1. Samuel 16,7. In Römer 5-7: „Wenn Gott sich als der gerechte Richter zeigt, wird jeder bekommen, was er verdient hat: Ewiges Leben wird er denen geben, die mit Ausdauer Gutes tun und alles daransetzen, an Gottes unvergänglicher Herrlichkeit und Ehre teilzuhaben."

Hier wird der Unterschied deutlich zwischen „Ich gehöre einer bestimmten Kategorie an" und „Ich werde als individuelles Geschöpf gesehen". Ebenso widerspricht dieses Schubladendenken einem weiteren essenziellen Wesenszug des christlichen Glaubens: Gottes Versprechen und seine Liebe sind universal. Es geht also nicht darum, einzelne Gruppen zu bestrafen oder andere hervorzuheben. Seine Einladung gilt ALLEN: „Denn Gott bevorzugt oder benachteiligt niemanden" (Römer 2,11). „Da gibt es auch keinen Unterschied zwischen Juden und anderen Völkern: Sie alle haben ein und denselben Herrn, Jesus Christus, der aus seinem Reichtum alle beschenkt, die ihn darum bitten" (Römer 10,12). „Christus ist gekommen und hat seine Friedensbotschaft allen gebracht: euch, die ihr fern von Gott lebtet, und allen, die nahe bei ihm waren" (Epheser 2,14).

Es ist nicht leicht, passende christliche Stellungnahmen und theologische Einordnungen zu finden, wenn es um das Thema Wokeness geht. Es gibt breiten Zuspruch. Aber damit ist meist die Grundhaltung gemeint, gegen soziale Ungerechtigkeit und Diskriminierung aufzustehen. Und es gibt breite Ablehnung, besonders wenn es um die besprochenen ideologischen Formen und Unterströmungen geht. Dann fällt gern auch der Vorschlaghammer-Vers: „Passt auf, dass ihr nicht auf Weltanschauungen und Hirngespinste hereinfallt. All das haben sich Menschen ausgedacht; aber hinter ihren Gedanken stehen dunkle Mächte und nicht Christus" (Kolosser 2,8).

Mehrfach werden Christen in der Bibel übrigens wörtlich aufgefordert, wachsam zu sein und zu bleiben. Wir sind also von Natur aus woke – hoffentlich, ohne dabei das Maß zu verlieren.

Z

wie

Zum Schluss

Während ich diese Seiten schrieb, hatte ich an unzähligen Stellen das Gefühl: Hier weißt du selbst nicht genug! Hier müsstest du tiefer gehen! Hier begibst du dich auf das sehr dünne Eis, völlig falsch verstanden zu werden. Hier kippst du zu viel von deiner Meinung rein – du wolltest doch nur beobachten!

Dieser Gefahr war ich mir von vornherein bewusst und ich konnte sie nicht eliminieren, weil das den Rahmen und meine Möglichkeiten gesprengt hätte. Sollte ich also an manchen Stellen zu oberflächlich gewesen sein oder zu subjektiv, sollte ich objektiv Relevantes ausgespart haben, dann bitte ich um Verzeihung.

Glaube ist auch immer emotional. Er kann geliebt, gelebt, aber auch gehasst werden. Fanatischer Glaube hat im Großen schon furchtbaren Schaden angerichtet, aber auch persönliche Biografien aufs Schlimmste berührt. All diese Facetten habe ich hoffentlich nicht komplett ausgeblendet. Falls doch, möchte ich auch hier um Entschuldigung bitten. Mein Herzensanliegen mit diesem Buch war ein anderes: Ich durfte aus einem gott-fernen Leben die Liebe Gottes kennenlernen und erfahren. Und ich wünsche mir, dass sich mehr Menschen auf dieses Abenteuer einlassen. Wenn ich auf diesem Weg Barrikaden abbauen kann, wäre das schön.

Ich hatte drei Jahrzehnte lang Vorurteile gegenüber dem „typischen“ Christ und habe in den letzten Jahren gelernt, wie falsch ich oft lag. Ich erlebe eine wunderschöne christliche Vielfalt, keine Einfalt. Ich erlebe Klugheit, Herzenswärme, Nachdenklichkeit, Großzügigkeit, Gastfreundschaft. Aber eben auch das Gefühl, oft missverstanden zu werden.

Dietrich Bonhoeffer hat mal geschrieben: „So müssten wir von den Dingen unseres Glaubens reden können, dass die Hände sich danach ausstrecken – schneller als wir sie füllen können."

Leider ist es sehr schwer, davon zu erzählen. Viel einfacher ist es, es selbst zu erleben. Faktenwissen trägt nur bis zu einem gewissen Punkt. Danach braucht es das Wissen durch eigenes Erleben und eigene Erfahrung.

Mein Ziel mit diesem Buch ist es, diese Hürde, dieses „Ich probiere es einfach mal aus", etwas niedriger zu machen. Mein Erleben war, dass viele Menschen durch Institutionen, durch starre Traditionen, durch enge Religion schon so abgeschreckt sind vom Christentum, dass sie gar kein Bedürfnis haben, einen Schritt nach vorne zu gehen und sich zumindest etwas tiefer mit dem zu beschäftigen, woran Christen eigentlich so glauben. Dass viele denken, sie wüssten schon exakt, wie Christen ticken, wenn sie nur lesen, was in der katholischen Kirche so abgeht. Oder bei den Evangelikalen in den USA.

Ein Sprichwort sagt: „Tradition ist nicht das Halten der Asche, sondern das Weitergeben der Flamme". So erlebe ich das Christentum: feurig, leidenschaftlich. Vor allem aber hell und wärmend. Lebenswichtig.

Mein Freund Samuel Koch hat für sein Buch[7] mit dem Zukunftsforscher Prof Dr. Thomas Druyen über die größten

Herausforderungen unserer Zeit gesprochen. Die Antwort hat mich bewegt, weil sie auf den Punkt bringt, dass wir eben nicht darüber sprechen, unsere Köpfe auszuschalten, uns lethargisch hinzulegen und die anderen (oder aus christlicher Sicht: Gott) einfach mal machen zu lassen: „Nachdenken reicht nicht mehr aus. Vordenken ist angesagt. Die Gegenwart wäre allein mit einer hoffnungsvolleren Zukunft besser zu ertragen. Und dann: handeln! (...) Wir haben die Chance und die Aufgabe, eine geistige Leichtigkeit, eine sinnvolle Mühelosigkeit herzustellen. Sinngestaltung ist, was den Menschen wirklich weiterhilft. Wer Sinn hat, kommt auch durch tiefe Täler. Mühelosigkeit ist das Ergebnis ständiger Anstrengungen."

Weiter schreibt Samuel: „Statt ständig zu fragen: ‚Was kann das Leben mir noch bieten?' – das Ganze umdrehen: Was habe ich dem Leben zu bieten? Was habe ICH für einen Sinn?" Samuel selbst sitzt als früherer Athlet heute im Rollstuhl nach seinem Unfall bei „Wetten, dass ..." Wie er es trotzdem schafft, mit seinem Glauben und seiner Unerschütterlichkeit (und seinem Humor) andere zu ermutigen und eben diese Flamme weiterzugeben, beeindruckt mich zutiefst.

Auf den vorangegangenen Seiten ging es sehr stark um das „Wie". Wie bringen sich Christen in die modernen Debatten ein? Wie schauen sie auf Streitthemen?

Der absolut nichtchristliche Friedrich Nietzsche hat mal treffend gesagt: „Wer ein WARUM zum Leben hat, erträgt fast jedes WIE."

Dieses WARUM ist für uns Christen Jesus. Das macht uns zu einer Einheit. In einer Predigt wurde diese Einheit definiert als „Alle machen unterschiedliche Dinge, während sie sich in dieselbe Richtung bewegen." Da war sie wieder, diese Vielfalt, in der jeder willkommen ist, seinen Platz und seine Aufgabe findet. Sein WARUM.

Weil es hier so häufig um Meinungsverschiedenheiten geht, hatte ich das Buch mit dem Gelassenheitsgebet begonnen:

Gott, gib mir die Gelassenheit, Dinge hinzunehmen, die ich nicht ändern kann,

den Mut, Dinge zu ändern, die ich ändern kann,

und die Weisheit, das eine vom anderen zu unterscheiden.

Und so möchte ich es auch beenden. Allerdings mit einer neuen Version, die der Theologe Thorsten Dietz für einen *Worthaus*-Vortrag kreiert hat:

Gott, gib mir den Mut, mit anderen zusammen, mit mir und dir verbindlich zu leben – in dem, was mir einleuchtet.

Gib mir die Gelassenheit, in meiner Verbindlichkeit nicht verbissen zu werden, sondern frei zu bleiben.

Und gib mir die Weisheit zu unterscheiden, was wann für wen dran ist.

Amen.

Anmerkungen

1 Daniel Böcking, Ein bisschen Glauben gibt es nicht. Wie Gott mein Leben umkrempelt, Gütersloher Verlagshaus, 2016.
Daniel Böcking, Warum Glaube großartig ist. Mein Glück mit Jesus, Gütersloher Verlagshaus, 2018.
Daniel Böcking, Wenn Erwachsene beten, klingt das langweilig. Ein Papa spricht mit seinen Kindern über Glauben, Brunnen Verlag, 2024.

2 Post im Original: https://x.com/jk_rowling/status/1207646162813100033

3 Ulrich Parzany, Wenn die Bibel Gottes Wort ist... in: idea 2016.

4 Parzany, Ulrich, Christ. Glauben. Leben, SCM R. Brockhaus, 2012.

5 Siehe: Zukunftsinstitut ‚Megatrend Individualisierung' https://www.zukunftsinstitut.de/zukunftsthemen/megatrend-individualisierung (abgerufen am 13.8.24)

6 David L. Bernstein, Woke Antisemitism: How a Progressive Ideology Harms Jews (English Edition), Wicked Son, 2022.

7 Samuel Koch, Schwerelos. Wie das Leben leichter wird, adeo Verlag, 2023.